5 Heeft de bloem een onregelmatig en/of abnormaal voorkomen?

Ja

Fancy Group

Nee

6 Zijn de buitenste bloemblaadjes wit met groen?

Ja

Green Group

Nee

7 Zijn de binnenste bloemblaadjes wit, eventueel met groene
stipjes?

Ja

Albino Group

Nee

8 Zijn de binnenste bloemblaadjes wit met 1 groene tekening?

Ja

Imperial Group

Nee

9 Zijn de binnenste bloemblaadjes wit met 2 groene tekeningen?

Ja

Twomark Group

Nee

10 Zijn de binnenste bloemblaadjes wit met 3 of meer groene
tekeningen?

Ja

Speckled Group

Galanthomania

SNEEUWKLOKJES
SNOWDROPS

HANNEKE VAN DIJK

FOTOGRAFIE: GEORGE M. OTTER E.A.

TERRA

Als een bij drie vleugels had
zou het een sneeuwklokje zijn.
Of, liever gezegd, als een sneeuwklokje maar twee
bloemblaadjes had, zou het dan een bij zijn?
Colette 1873-1954

If a bee had three wings
it would be a snowdrop.
Or rather, if a snowdrop had but two wings,
would it be a bee?
Colette 1873-1954 (translation Matthew Ward)

Cultivars

In het boek worden de sneeuwklokjes alfabetisch op cultivarnaam gerangschikt.
Bij de cultivars waarvan bekend is dat ze van een bepaalde soort afstammen wordt deze soort bewust niet vermeld. Het uitgangspunt van het boek zijn de cultivargroepen, een indeling die het mogelijk maakt de sneeuwklokjes op bloemkenmerken te classificeren.
De ergens ter wereld in het wild voorkomende soorten, zoals *Galanthus nivalis*, *Galanthus elwesii* en *Galanthus plicatus* (om er een paar te noemen) komen slechts terloops in de tekst voor. Deze en andere soorten worden uitgebreid beschreven in *Snowdrops* van Matt Bishop, Aaron P. Davis en John Grimshaw en *The Genus Galanthus* van Aaron P. Davis.

Cultivars

The snowdrops in this book are listed in alphabetical order according to their cultivar name. In the case of cultivars which are known to be descended from a particular species, this species is intentionally not mentioned. Representing a method for classifying snowdrops based on the characteristics of their flowers, it is the cultivar groups that form the basis of this book.
The species which, somewhere or other in the world, grow naturally in the wild, such as *Galanthus nivalis*, *Galanthus elwesii* and *Galanthus plicatus* (to name but a few), are referred to here only in passing, since these and other species are covered extensively in the books *Snowdrops* by Matt Bishop, Aaron P. Davis and John Grimshaw and *The Genus Galanthus* by Aaron P. Davis.

© 2011 Uitgeverij Terra Lannoo B.V.
Postbus 614, 6800 AP Arnhem
info@terralannoo.nl
www.terralannoo.nl
Uitgeverij Terra maakt deel uit van de Lannoo-groep, België

© Tekst: Hanneke van Dijk
© Fotografie: George M. Otter e.a.
Engelse vertaling: Lynn Radford, Englishproof
Vormgeving: Lian Hendrickx, Teo van Gerwen Design, Waalre – www.tvgdesign.nl
Begeleiding boekproductie en eindredactie: Hélène Lesger – Books, Rights & More, Amsterdam
Druk- en bindwerk: Printer Trento, Italië

ISBN 978-90-8989-243-0
NUR 426

Inhoud
Content

Jan van der Kooi

Woord vooraf

• • • • • 'Waarom,' vragen ze dan, 'waarom een nieuw boek? Je hebt er toch al één geschreven over sneeuwklokjes?' Dat klopt, in 2003, maar de wereld heeft niet stilgestaan en de sneeuwklokjeswereld al helemaal niet. Die wereld is steeds ingewikkelder geworden, misschien zelfs wel op hol geslagen. Sneeuwklokjes zijn niet meer te stoppen. Wat gisteren nieuw was, is nu alweer verouderd. Veel cultivars zijn niet meer te herleiden tot een soort. 'Je moet op de bladeren letten,' zeggen ze, maar als je naar een sneeuwklokje kijkt, doe je dat pas als ze bloeien. Wie kijkt er dan nog naar de bladeren?

• • • • • In dit boek worden sneeuwklokjescultivars ingedeeld in tien groepen gebaseerd op de bloemen. Van siergewassen die veel gekweekt worden, zijn dergelijke cultivarclassificaties al gemeengoed. Je zou kunnen zeggen dat de sneeuwklokjes volwassen zijn geworden en er nu echt bij horen. Deze nieuwe cultivarclassificatie is niet bedoeld om in plaats van de reeds bestaande botanische classificatie te gebruiken, maar ernaast. Aan de bloem kun je zien in welke cultivargroep het sneeuwklokje hoort, zonder te weten of het bij een bepaalde soort hoort of een hybride is. Door een determinatiesleutel kan het sneeuwklokje in een groep geplaatst worden. Het is mogelijk om binnen een groep verder te sleutelen en zo op een naam uit te komen. In het hoofdstuk Gouden klokjes wordt een dergelijke sleutel binnen een groep gegeven.

• • • • • *Galanthomania* gaat over de tegenwoordige tijd. De galanthofielen van nu spreken zich uit. We lezen over hun zorgen, hun verwachtingen en hun favorieten. Zij geven hun geheimen prijs en we kunnen veel van ze leren. De 500 portretjes van sneeuwklokjes laten de enorme diversiteit zien en zijn het resultaat van jarenlang fotograferen. Autoriteiten bogen zich over de namen en de sneeuwklokjes en de combinatie daarvan. Hoewel met de naamgeving in dit boek zo zorgvuldig mogelijk is omgegaan zal er ongetwijfeld discussie blijven.

Maar als de sneeuwklokjes bloeien, is het feest en de bedoeling van dit boek is dat het iets van dit feestelijks overbrengt.

Hanneke van Dijk, januari 2011

4

IJskoud de eerste

Over de zomer kan ik zingen,
Ook de lente krijgt mijn lied.
Maar ik kan me niet bedwingen
Bij de eerste sneeuwklokspriet

Die eigenwijze witte donder
Die zich door de korstgrond spietst,
Is voor mij een wilskrachtwonder,
Want wie bloeit nou als het vriest?

En daarom, als de kou de grond kust,
Laat ik mijn wanten in de kast
En kniel met blote handen
Voor mijn eerste voorjaarsgast.

Jan Balkon
(Adriaan van Dis)

Uit: *Tuin in de branding*
Uitgeverij Gianotten 2007

Foreword

• • • • • "Why publish a new book?" people asked me. "What's the point of bringing out another one? You've already written a book about snowdrops." Of course, they are right, but that was back in 2003, and the world has changed since then – especially the world of snowdrops. It as if things have become more complex, maybe even a little out of control. The whole sector feels like a runaway train. Many cultivars can no longer be traced back to a particular species. Some people respond with "You have to examine the leaves" but, let's be honest, if you're going to admire a snowdrop, you're going to do so when it's flowering. Who's bothered about the leaves then?

• • • • • In this book, snowdrop cultivars can be classified into one of ten groups based on the flowers. Cultivar classifications of this kind are standard practice for ornamental plants that are intensively cultivated. You could say that snowdrops have finally come of age and now really 'belong'. Rather than instead of it, this new classification is intended to be used alongside the botanical classification that already exists. You do not need to know whether a snowdrop belongs to a particular species or if it is a hybrid – you can tell which cultivar group it belongs to just by looking at the flower and using the identification key. Once a snowdrop has been placed into a group, it is possible to use other characteristics to classify it further, resulting in a name. For an example of a group key of this kind see the chapter called Golden drops.

5

• • • • • *Galanthomania* is about the present day. Here, the galanthophiles of our time get to speak out. We can read about their concerns, their expectations and their favourites. They share their secrets with us, and there is so much that we can learn from them. The 500 snowdrop profiles illustrate the sheer extent of their diversity and are the result of many years of photography. Experts corrected names and snowdrops and the combination of the two. While the utmost care has been taken with the names in this book, some degree of discourse is inevitable.

It is a glorious time when the snowdrops are in bloom, and I hope that this book conveys at least an element of that sense of celebration.

Hanneke van Dijk, January 2011

Welkom in de sneeuwklokjeswereld

• • • • • Het was een donkere nacht en het stormde. De regen kwam met bakken naar beneden. In het bos sloop een oude man. Hij had een pet op en een GSM in zijn hand. Regelmatig keek hij op zijn telefoontje of hij er al was. Gisteren had hij precies de positie bepaald. Toen was hij met een groep mensen. Nu was hij alleen en op zoek naar die speciale plek. Opeens knielde hij, haalde zijn rugzak tevoorschijn en scheen bij met zijn telefoontje. Daar was het, precies op die plek. Daar stond dat ene plantje dat alleen hij gisteren ontdekte. Het was er nog. Voorzichtig spitte hij het plantje uit en deed het in zijn rugzak. Tevreden liep hij naar huis. Gelukt! En niemand had het gezien.

Thuisgekomen pakte de man het plantje liefdevol uit zijn rugzak en plantte het in zijn tuin. De witte klokjes gaven licht in de donkere nacht. Zij wisten niet dat het nu hun lot zou zijn om vermeerderd te worden en daarna voor veel geld verkocht. 'Hoe kom je eraan?', zouden de kopers aan de oude man vragen. Het lijkt of je in een slechte keukenmeidenroman verzeild bent geraakt.

Welkom in de sneeuwklokjeswereld waarin vreemde verschijnselen hand in hand gaan met torenhoge prijzen, jaloezie met roddel en achterklap, waarin diefstal voorkomt en mensen misprijzend spreken over flappenverzamelingen (*chequebook gardening*).
De plantjes waar het allemaal om gaat, zijn zich van geen kwaad bewust. Zij spelen de hoofdrol. Zij worden beoordeeld en veroordeeld. De ene wordt mooi gevonden, de andere lelijk.

Verzamelaars van sneeuwklokjes die elkaar een aantal jaren geleden vroegen: 'Hoeveel heb jij er?', vragen nu in welke sneeuwklokjes iemand gespecialiseerd is. Het verzamelen van steeds meer is uit of liever gezegd onmogelijk geworden. Vroeger telde je mee als je er meer dan 200 had. Nu zijn verzamelingen van 500 al heel gewoon, dus daar kun je je niet meer mee onderscheiden. Het is ook onmogelijk geworden om een verzameling compleet te hebben, want er komen steeds meer sneeuwklokjes bij. Verzamelaars die het toch proberen, worden wat meewarig etikettenverzamelaars genoemd.
Nu tel je pas mee als je alleen maar 'uitstekende' sneeuwklok-

▼

Welcome to the world of snowdrops

• • • • • It was a dark and stormy night; the rain fell in torrents. An old man was creeping through the woods. He wore a hat and was holding a mobile phone. He kept glancing down at his phone, to see if he was there yet. He had made a note of the precise location yesterday, when he had been with a group of people. Now, he was alone and searching for that special place. Suddenly he knelt down, opened his rucksack and used his phone as a flashlight. It was right there, that was the place. There stood that tiny plant that he had discovered yesterday, exactly as he had left it. He carefully eased the plant out of the ground, placed it in his rucksack and headed home, feeling pleased with himself. Gotcha! And no one had spotted him.

Once home, the man carefully removed his cherished find from his rucksack and planted it in his garden. The white drops shone against the darkness of the night, unaware that their fate was sealed – they would be cultivated and then sold for a huge sum of money. "How did you get hold of them?" the buyers would ask the old man. It is as if you are caught up in the middle of a cheap thriller novel.

Welcome to the world of snowdrops, where strange goings-on go hand in hand with sky-high prices, tittle-tattle is tinged with envy, where theft is a real issue and people disapprovingly talk of chequebook gardening.

At the heart of this intrigue, through no fault of their own, are the innocent snowdrops. They are the star of the show. They are appraised and criticised – while one may be deemed beautiful, another is dismissed as being unattractive.

Snowdrop collectors who, a few years ago, were asking each other "How many have you got?" nowadays find themselves enquiring which type of snowdrops someone is specialised in. It has become unfashionable – or, rather, impossible – to aim for an ever-larger collection. You used to 'be' someone if you had more than 200. Today, it is not unusual to own 500 or more, so there is little chance of setting yourself apart in terms of quantity alone. Since new snowdrops are being discovered all the time, it has also become impossible to ever complete your collection. Collectors who nevertheless attempt to do so are called, somewhat pityingly, label collectors. Nowadays, you can only expect to be taken seriously when your collection comprises nothing but 'excellent' snowdrops. This may entail you divesting half of your collection, the 'everyday' ones, so that you only retain those snowdrops that really matter. You can also decide to specialise, perhaps in just yellow ones, or just double or green ones.

Even then, you need to know precisely what you are talking about, as well as making sure that you have the newest, the best, the most beautiful snowdrops – better than the other

9

▼

jes in je collectie hebt. Desnoods doe je de helft van je verzameling, de 'gewonere' weg, zodat je alleen die sneeuwklokjes overhoudt die er iets toe doen. Je kunt je ook specialiseren in alleen maar gele of alleen maar dubbele of groene.

Je moet dan wel precies weten waar je het over hebt en er ook voor zorgen dat je nieuwe, mooie, beste en nog betere sneeuwklokjes hebt dan de andere verzamelaars. Dat krijg je niet alleen met geld voor elkaar. Geld helpt wel trouwens. Als je bereid bent om op eBay een hoge prijs voor sneeuwklokjes te betalen, kun je nog wel eens wat scoren. De hoogst geboden prijs op eBay voor een sneeuwklokje was £ 265. Voor dit bedrag kreeg de koper één bolletje 'Flocon de Neige'.

De echte verzamelaars krijgen hun bijzondere sneeuwklokjes door te ruilen. Dat is een oud gebruik onder de galanthofielen. Als jij een bijzonder sneeuwklokje hebt en dat aanbiedt, bestaat de kans dat je van iemand anders daarvoor in de plaats weer een bijzondere aangeboden krijgt. De vraag is: hoe kom je aan een sneeuwklokje dat zo bijzonder is dat je daar een nog bijzonderder voor terugkrijgt? De enige manier is een sneeuwklokje te bezitten dat niemand heeft en daar kom je dan weer aan door te gaan zoeken. Zoeken in eigen of andermans tuin, in parken, kerkhofjes, langs de weg, in bossen, in

tuincentra, in het wild. Maar dan denk je een bijzonder sneeuwklokje ontdekt te hebben. Hoe weet je zeker dat het zo bijzonder is? Daar is maar één manier voor: weten hoe de andere 2000+ eruitzien.

Kwekers, telers, kenners en specialisten vragen aan elke galanthofiel om vooral niet te snel een naam te geven. De sneeuwklokjeswereld wordt dan nog onoverzichtelijker dan hij al was. Bovendien moet een sneeuwklokje ook nog eens goed groeien. Want een plantje kan dan wel opvallend anders zijn, maar een plantje dat het goed doet in de tuin, is toch veel meer de moeite waard, hoewel niet iedereen daar zo over denkt. Als de sneeuwklokjes uitgebloeid zijn kun je ze nog steeds verzamelen, maar dan geen planten, maar spullen. Alles waar sneeuwklokjes op staan, van briefkaarten tot vazen, klompen en borden. Van oude tot nieuwe spullen en ook hiervoor is eBay een geweldige vindplaats.

Waarom sneeuwklokjes? Wat hebben sneeuwklokjes dat andere bloemen niet hebben? 'Je kijkt ernaar uit,' zegt de een. 'Ze zijn zo klein, zo teer,' zegt de ander. Ze zijn de eerste bloemen die de sneeuw en de kou trotseren. Als ze bloeien en het gaat vriezen, dan bevriezen ze, maar ze gaan weer rechtop staan alsof er niets aan de hand is op het moment dat het dooit. Het zoeken naar bijzondere sneeuwklokjes is als het zoeken naar goud. Ineens kun je iets spannends tegenkomen. Je moet heel goed kijken en pas als je goed kijkt, ga je deze kleine bloemen waarderen en ontdek je dat ze nog geuren ook. Het tuinseizoen begint met sneeuwklokjes. Pas als de sneeuwklokjes uitgebloeid zijn, heb je even rust: de bolletjes trekken zich terug onder de grond om het volgende jaar weer voor dezelfde galanthomania te zorgen als dit jaar. We kunnen er geen genoeg van krijgen.

collectors. It is not just a question of cash – although that does, most certainly, help. If you are prepared to pay a large sum of money for snowdrops on eBay, there are some worthy specimens available. The highest price ever recorded for a snowdrop on eBay currently stands at £ 265. For that amount, the bidder became the proud owner of one 'Flocon de Neige' bulb.

True collectors obtain their unusual snowdrops by swapping, an age-old practice amongst galanthophiles. If you are prepared to proffer a rare snowdrop, the chances are that you will receive the offer of another rare one from someone else in exchange. The question is, how do you obtain such an unusual snowdrop that is worth swapping in the first place? The answer is to own a snowdrop that no one else has, and you only achieve that by going out and looking for them. Search in your own or someone else's garden, in parks, in cemeteries, in hedgerows, in woods, in garden centres and out in the countryside. And there you have it, a snowdrop you believe to be unusual – but how can you be certain? There is only one fail-safe method: to know exactly what the other 2000 or so look like.

Breeders, growers, experts and specialists alike all plead with galanthophiles to, above all, not be in such a hurry to name their discoveries, since that only results in the snowdrop world becoming even more of a muddle than it already is. Furthermore, it is important that a snowdrop thrives. It is all well and good a plant being noticeably different, but a plant that grows well in the garden is much more worthy of the effort – although not everyone agrees with this point of view.
Many a snowdrop-lover also collects objects – anything with a snowdrop on it, new or second hand, ranging from postcards and tea-towels to plates and vases. Naturally, eBay is an excellent hunting ground for such treasures.

Why snowdrops? What do they have that other flowers do not? Some people enjoy the sense of anticipation, others love the fact that they are so dainty and fragile. They are the first flowers to brave the snow and the wintry chill. If it is frosty while they are in bloom, they freeze too, only to stand perkily upright again once it thaws as if nothing had happened. Searching for unusual snowdrops is like panning for gold – you can suddenly stumble across something exciting. You need to have a keen eye; you can only truly appreciate these tiny flowers by looking really closely, and you may be surprised to discover that they have a wonderful scent too. Snowdrops signal the start of the gardening year. The commotion only subsides when the snowdrops are finished: the bulbs retreat into the ground, and it is a question of waiting for 'galanthomania' to take hold again in the following year. Snowdrops – we just can't get enough of them.

Cultivarclassificatie

••••• **Nieuw in de sneeuwklokjeswereld – tien groepen gebaseerd op de bloem**

Sneeuwklokjes zijn zeer variabel en gelukkig wordt aan niet alle planten in de natuur met een vlekje meer of minder een naam gegeven. De splitters onder de botanici zouden zich heerlijk kunnen uitleven en veel subspecies, forma's en variëteiten kunnen benamen. Maar dat hebben ze niet gedaan en doen ze ook nu niet.

Maar wat de botanici niet gedaan hebben, wordt ruimschoots goed gemaakt door verzamelaars, kwekers, specialisten en liefhebbers van sneeuwklokjes.

Was er twintig jaar geleden nog enig overzicht en waren er toen echt nog mensen die elk sneeuwklokje kenden, nu kan dat niet meer. In heel Engeland bestaan er maar een paar mensen die alle sneeuwklokjes bij naam kennen, hoewel ze dat zelf ontkennen.

Mensen houden van ordenen, van dingen in vakjes stoppen, zodat je ze weer terug kunt vinden. Toen de sneeuwklokjeswereld nog overzichtelijk was en veel sneeuwklokjes rechtstreeks afstamden van een bepaald soort, was het eenvoudiger. Hoe meer hybriden erbij kwamen, des te moeilijker het was om ze in te delen. Van de 500 beschreven cultivars in het boek *Snowdrops* van Matt Bishop, Aaron Davis en John Grimshaw, zijn er ongeveer 200 van hybride oorsprong. Er komen steeds meer cultivars van onbekende herkomst en er is dus steeds meer behoefte aan een praktische classificatie van cultivars naast en **niet in plaats van de reeds bestaande classificatie** van bovengenoemde auteurs.

Tot nu toe werd er geen cultivarclassificatie van sneeuwklokjes gebruikt, hoewel hier reeds meer dan honderd jaar geleden een aanzet toe gegeven werd. In 1891 sprak James Allen van een 'amateuristische indeling in klassen gebaseerd op kleuren en andere bijzonderheden'. Hij had het toen al over gele, groene en witte sneeuwklokjes. Deze indeling in klassen kan beschouwd worden als een aanzet tot wat we nu cultivargroepen noemen.

Bloemkenmerken

De botanische classificatie die te vinden is in *The Genus Galanthus* van Aaron P. Davis (1999) en *Snowdrops* van Matt Bishop, Aaron Davis en John Grimshaw (2001) is op alle kenmerken van de plant gebaseerd. Het uitgangspunt voor de indeling van de cultivargroepen zijn de bloemkenmerken. De bloemen zijn de belangrijkste onderdelen van de plant en daarop wordt de cultivarclassificatie gebaseerd. Verzamelaars en liefhebbers richten zich voornamelijk op de bloemen en meestal niet op de bladeren. ▼

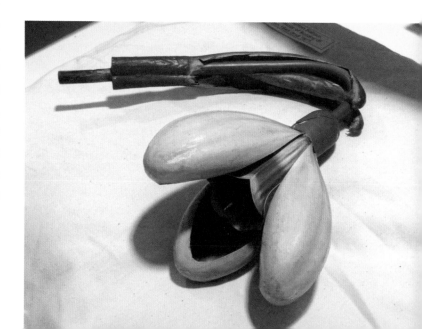

Cultivar classification

Snowdrops vary considerably, and fortunately not all plants growing in the wild with an extra mark here or there are given a name. The 'splitters' among the botanists could no doubt have the time of their lives naming many subspecies, forms and varieties – but they have not, and nor will they. However, snowdrop collectors, growers, specialists and snowdrop-lovers in general more than make up for what the botanists have refrained from doing. Whereas, twenty years ago, there was some semblance of an overview and there really were some people who knew every snowdrop, that has become virtually impossible nowadays. In the whole of England there are just a handful of people who know every snowdrop by name, although they themselves deny it.

People like to have things neatly ordered, to compartmentalise things, so that they can find them again when they need them. Back in the days when it was still possible to maintain an overview of the snowdrop world, with many snowdrops directly descended from a particular species, life was much simpler. The more hybrids that appeared on the scene, the harder it became to classify them. Out of the 500 cultivars described by Matt Bishop, Aaron Davis and John Grimshaw in their book *Snowdrops*, some 200 of them are of hybrid origin. Since the hybrids continue to come, there is an ever-increasing need for a practical classification of cultivars alongside **(note: not instead of) the existing classification** provided by the authors mentioned above.

There has been no cultivar classification for snowdrops to date, despite the fact that the foundations were laid for such a classification more than a hundred years ago. In 1891, James Allen spoke of an "amateurs' arrangement into classes, according to colours and other peculiarities." Consequently, we hear of white snowdrops, yellow snowdrops and also green snowdrops. This arrangement into classes can be regarded as a step towards what we now call cultivar groups.

Flower characteristics

The botanic classification that can be found in *The Genus Galanthus* by Aaron P. Davis (1999) and *Snowdrops* by Matt Bishop, Aaron Davis and John Grimshaw (2001) is based on the characteristics of the whole plant. The classification of the cultivar groups takes the characteristics of the flower as its starting point, since the flowers are the most important part of the plant – collectors and snowdrop-lovers focus predominantly on the flowers rather than the leaves.

Galanthus, snowdrop, is a perennial bulb with one or sometimes two scapes. Each flower usually has six petal-like perianth segments, three outers and three inners. The outer segments are normally distinctly longer than the inner ones and are spoon-shaped or bowl-shaped. Since they taper towards the base, they are also sometimes described as appearing to form a short claw. The outer segments are usually white. The inner segments are mostly white with green, half to two thirds smaller and with a small yet pronounced notch. This snowdrop, with its flower diagram of three outer and three inner segments, can be regarded as a standard snowdrop. ▼

13

Galanthus, sneeuwklokje, is een meerjarig bolgewas met één, soms twee bloemstengels. Elke bloem heeft meestal zes bloemblaadjes, drie buitenste en drie binnenste. De buitenste bloemblaadjes zijn meestal duidelijk langer dan de binnenste en hebben de vorm van een lepeltje of wel bootvormig. Naar de basis lopen ze smal toe, dus worden ze ook wel klauwvormig genoemd.

De buitenste bloemblaadjes zijn meestal wit. De binnenste bloemblaadjes zijn meestal wit met groen, de helft tot twee derde kleiner dan de buitenste en hebben een duidelijke inkeping. Dit sneeuwklokje, met als bloemdiagram drie binnenste en drie buitenste bloembladen, kan beschouwd worden als een standaardsneeuwklokje.

De kenmerken waarop de cultivarclassificatie is gebaseerd, zijn het al dan niet hangen of rechtop staan van de bloem, het aantal bloemblaadjes, de tekening van de binnenste en buitenste bloemblaadjes, de kleur van deze tekening en de vorm. De namen van de groepen zijn zo gekozen dat de groep duidelijk herkenbaar is. De groepen zijn gebaseerd op volwassen plantmateriaal van buiten.

1 Een sneeuwklokje met een bloem die **rechtop** of min of meer rechtop staat in plaats van hangt, behoort tot de **Spiky Group**.

2 **Kleur** is een belangrijk kenmerk en in plaats van een tekening op de bloemblaadjes in een groene kleur kan deze tekening ook geel, oranje of abrikooskleurig in plaats van groen zijn of de bloemen kunnen een oranje of abrikooskleurige tint hebben. Deze groep wordt de **Gold Group** genoemd. De naam Gold is gekozen, omdat de kleur van het edelmetaal goud (afhankelijk van legering en het karaatgehalte) kan variëren van lichtgeel tot diepgeel, abrikoos, oranje en zelfs roze. Deze kleuren kunnen voorkomen bij de Gold Group. Zuiver goud is 24 karaats en is diepgeel, goudgeel van kleur.

3 Bij het standaardsneeuwklokje zijn de binnenste bloemblaadjes korter dan de buitenste. Als deze allemaal ongeveer **even lang** zijn, vormen zij ook een duidelijk herkenbare groep, de **Skirt Group**. De naam Skirt Group is gekozen naar aanleiding van een tekening van *The Snowdrop Fairy* van Cicely Mary Barker. De vaak gebruikte naam 'Poculiformis' was oorspronkelijk bedoeld voor 'bekervormige' sneeuwklokjes waarbij de binnenste bloemblaadjes bijna even lang waren als de buitenste, maar volkomen wit. De Skirt Group is gebaseerd op het kenmerk van de lengte van bloemblaadjes en niet op de kleur, dus ook sneeuwklokjes die een tekening hebben, behoren hiertoe.

4 Het **aantal** bloemblaadjes kan meer zijn dan de standaard 6 (3 binnenste en 3 buitenste). De 'dubbele' of gevulde sneeuwklokjes hebben 12 of meer bloemblaadjes. In deze classificatie rekenen we deze sneeuwklokjes tot de **Double Group**.

5 Sneeuwklokjes waarvan de bloemen geheel **afwijkend** zijn van het standaardsneeuwklokje en in geen andere groep passen, worden tot de **Fancy Group** gerekend.

6 Een groep sneeuwklokjes die zeer gewaardeerd wordt, is die waarvan de buitenste bloemblaadjes in meerdere of mindere mate **groen** zijn. Deze sneeuwklokjes vormen de **Green Group**.

7 Sneeuwklokjes waarbij op de bloemblaadjes de groene tekening afwezig is en die dus helemaal **wit** zijn, worden albino's genoemd. Dergelijke sneeuwklokjes worden gerekend tot de **Albino Group**. Opgemerkt dient te worden dat er soms heel

▼

14

The cultivar classification is based on the following characteristics: whether the flower hangs down or is upright, the number of segments, the marks on the inner and outer segments, the colour of these marks and the shape. The names for the groups have been specifically chosen so that the groups are easily recognisable. The groups are based on adult plant material growing outside.

1 A snowdrop with a flower that is upright or more or less upright rather than hanging down belongs to the **Spiky Group**.

2 **Colour** is an important characteristic and apart from a green-coloured mark on the segments, yellow, orange or apricot-coloured marks are also possible, or the flowers can have an orange or apricot-coloured tint. This group is called the **Gold Group**. The name Gold has been chosen because the colour of that precious metal can vary (depending on the gold alloys and carat grade) from a pale yellow to deep yellow, apricot, orange and even a pink hue. The colour of pure, 24-carat gold is deep yellow/golden yellow.

3 On a standard snowdrop, the inner segments are shorter than the outer ones. If the segments are more or less of **equal length**, the snowdrop belongs to a clearly distinguished group, namely the **Skirt Group**. A drawing of *The Snowdrop Fairy* by Cicely Mary Barker provided inspiration for the name Skirt Group. The often-used name 'Poculiformis' was initially applied to goblet-shaped snowdrops which featured inner segments that were almost the same length as the outer ones, yet completely white. The Skirt Group is based on the characteristic of the length of the segments rather than on the colour, so even if the snowdrop has a mark, it still belongs to this group.

4 The **number** of segments can be more than the standard 6 (3 inner and 3 outer). Double snowdrops have 12 or more segments. In this classification, these snowdrops belong to the **Double Group**.

5 Snowdrops with flowers which are totally **distinct** from the standard snowdrop and do not fit into any other group will be classified in the **Fancy Group**.

6 One group that is particularly popular are those snowdrops with outer segments that are significantly, or even just slightly, **green**. These snowdrops form the **Green Group**.

7 Snowdrops which have no green mark on the segments, thus being completely **white,** are called albinos. Such snowdrops are classified in the **Albino Group**. It should be pointed out that some albinos exhibit tiny green marks on the inners.

8 On most snowdrop flowers, the inner segments exhibit a green mark and the outers have none. These snowdrops can be classified in a group according to the number of marks. If

15

▼

kleine groene stipjes op de binnenste bloemblaadjes aanwezig zijn.

8 Van de meeste sneeuwklokjesbloemen hebben de binnenste bloemblaadjes een groene tekening en de buitenste geen. Deze sneeuwklokjes zijn al naargelang het aantal tekeningen in een groep ingedeeld. Als er **één groene tekening** op de binnenste bloemblaadjes te vinden is (die kan variëren van klein tot groot), worden deze sneeuwklokjes tot de **Imperial Group** gerekend. Er zijn veel sneeuwklokjes die in deze groep passen.

9 Op de binnenste bloemblaadjes kunnen in plaats van één **twee groene tekeningen** voorkomen. Deze groep wordt de **Twomark Group** genoemd.

10 Sneeuwklokjes waarbij **drie of meer tekeningen** op de binnenste bloemblaadjes voorkomen, worden tot de **Speckled Group** gerekend.

Tien groepen

Tien groepen zijn goed te onthouden en met een eenvoudige determinatiesleutel passen alle sneeuwklokjes in een groep. *Uit de volgorde van de groepen blijkt welk bloemkenmerk voorrang krijgt.* Zo zal een dubbel geel sneeuwklokje ingedeeld worden bij de **Gold Group** en niet bij de **Double Group**, omdat de **Gold Group** hoger in de classificatie staat dan de **Double Group**. De groepen hebben een Engelse naam, omdat het de bedoeling is dat de cultivarclassificatie internationaal gebruikt gaat worden. Bovendien hebben de groepen een nummer, omdat het voor landen waar Engels geen voertaal is, dan mogelijk is een andere naam te gebruiken terwijl het nummer en de indeling hetzelfde blijven.

Een cultivarclassificatie moet volgens de ICNCP of Cultivated Plant Code aan allerlei internationale regels voldoen en daarom is deze cultivarclassificatie niet zomaar uit de lucht gegrepen, maar tot stand gekomen met hulp van taxonomen en andere specialisten. Elke mogelijkheid is bekeken en beproefd, van 9 tot 46 groepen, maar het doel was om het eenvoudiger en niet ingewikkelder te maken dan het al is, niet alle sneeuwklokjesliefhebbers zijn botanici.

Een al eerder gemaakte opmerking: het gaat om volwassen planten die al een paar jaar in de tuin zijn gegroeid en stabiel zijn. Een sneeuwklokje dat zo variabel is dat er het ene jaar twee tekeningen en het andere jaar drie tekeningen op de binnenste bloemblaadjes verschijnen, zou volgens de huidige regels dan ook geen cultivarnaam verdienen.

Om de tekeningen op de binnenste bloembladen niet al te strak vast te leggen is voor de penseelmethode gekozen. Als je als het ware met een penseel met een groene kleur een enkele tekening op de binnenste bloemblaadjes schildert, groot of klein maakt daarbij niet uit, hoort dit sneeuwklokje tot de **Imperial Group**. Maak je twee penseelstrepen, stippen of wat dan ook, dan hoort het sneeuwklokje tot de **Twomark Group**. Bij drie of meer penseelstrepen/stippen hoort het tot de **Speckled Group**. Ook bij de tekening op de buitenste bloemblaadjes is voldoende ruimte voor variatie gebleven. Als de buitenste bloemblaadjes in meerdere of mindere mate groen zijn, horen ze tot de **Green Group**. Het maakt dan niet uit of de tekening bestaat uit groene punten, vlekken of strepen en of ze groot of klein zijn. Als een sneeuwklokje met behulp van de determinatiesleutel (zie binnenkant omslag) in een van de tien groepen is geplaatst, kun je in principe verder sleutelen, waarbij ook andere kenmerken gebruikt worden. ▼

16

there is **one green mark** (which can vary in size from large to small) on the inners, these snowdrops are classified in the **Imperial Group**. Many snowdrops fit into this group.

⑨ Instead of one, there may be **two green marks** on the inner segments. This group is called the **Twomark Group**.

⑩ Snowdrops with **three or more marks** on the inner segments are classified in the **Speckled Group**.

Ten groups

It is easy to remember ten groups and, using a simple identification key, every snowdrop fits into one group. *The order of the groups indicates which flower characteristic takes precedence.* For example, a double yellow snowdrop should be classified in the **Gold Group** rather than the **Double Group**, because the **Gold Group** ranks above the **Double Group** in the classification. The groups all have English names since it is the intention that this cultivar classification will be used internationally. In addition, the groups have been numbered so that they can be re-named in countries where non-English names are preferable, while still retaining the numbers and the order.

Since a cultivar classification needs to fulfil a range of international requirements as laid down in the ICNCP or Cultivated Plant Code, this cultivar classification has not been simply cobbled together — instead, it has been compiled with the help of taxonomists and other experts. Numerous options have been considered and reviewed, anything from 9 to 46 groups, but the aim was to simplify the matter rather than making things even more complicated — after all, not all collectors and snowdrop-lovers are botanists.

As noted previously, this is about adult plants that have been growing in the garden for a few years and are stable. According to the current rules, a snowdrop that still varies — with, for example, two marks appearing on the inner segments one year and three the next — would not qualify for a cultivar name.

In order to keep it relatively broad, we decided to use the paintbrush method when examining the marks on the inner segments. If you were to imagine using a paintbrush and you could make the green mark on the inners using just one brushstroke, irrespective of whether this mark is large or small, this snowdrop belongs to the **Imperial Group**. If you would have to use two brushstrokes to paint spots, lines or whatever, this snowdrop would belong to the **Twomark Group**. In the case of three or more brushstrokes/spots, the snowdrop fits into the **Speckled Group**.

Likewise, there is also a degree of flexibility when determining the marks on the outer segments. If the outer segments are in any way green, the snowdrop belongs to the **Green Group**. In this case, it is irrelevant whether the marks are green spots, lines, or tint, and whether they are large or small.

Once the snowdrop has been placed in one of the ten groups using the identification key (see inside back cover), you can in theory use other characteristics to classify it further.   ▼

17

Galanthus Cultivar Group Classification

❶ Galanthus Spiky Group

bloem rechtopstaand of min of meer rechtopstaand

❶ Galanthus Spiky Group

flower upright or more or less upright

❷ Galanthus Gold Group

bloem niet rechtopstaand

bloem met gele, oranje of abrikooskleurige tekening, strepen of waas
en/of een geel, oranje of abrikooskleurig vruchtbeginsel

❷ Galanthus Gold Group

flower not upright

flower with yellow, orange or apricot-coloured marks, lines or tint
and/or ovary yellow, orange or apricot coloured

❸ Galanthus Skirt Group

bloem niet rechtopstaand

bloem zonder gele, oranje of abrikooskleurige tekening, strepen of waas

bloem met binnenste bloemblaadjes die ongeveer even lang zijn als
buitenste bloemblaadjes

❸ Galanthus Skirt Group

flower not upright

flower without yellow, orange or apricot-coloured marks, lines or tint

flower with inner segments more or less as long as the outer
segments

❹ Galanthus Double Group

bloem niet rechtopstaand

bloem zonder gele, oranje of abrikooskleurige tekening, strepen of waas

bloem met binnenste bloemblaadjes kleiner dan de buitenste bloemblaadjes

bloem met 12 bloemblaadjes of meer

❹ Galanthus Double Group

flower not upright

flower without yellow, orange or apricot-coloured marks, lines or tint

flower with inner segments smaller than the outer segments

flower with 12 segments or more

❺ Galanthus Fancy Group

bloem niet rechtopstaand

bloem zonder gele, oranje of abrikoeskleurige tekening, strepen of waas

bloem met binnenste bloemblaadjes kleiner dan de buitenste bloemblaadjes

bloem met minder dan 12 bloemblaadjes

bloem met onregelmatig en/of abnormaal voorkomen

❻ Galanthus Green Group

bloem niet rechtopstaand

bloem zonder gele, oranje of abrikoeskleurige tekening, strepen of waas

bloem met binnenste bloemblaadjes kleiner dan de buitenste bloemblaadjes

bloem met minder dan 12 bloemblaadjes

bloem met regelmatig en normaal voorkomen

bloem met buitenste bloemblaadjes wit met groen

❼ Galanthus Albino Group

bloem niet rechtopstaand

bloem zonder gele, oranje of abrikoeskleurige tekening, strepen of waas

bloem met binnenste bloemblaadjes kleiner dan de buitenste bloemblaadjes

bloem met minder dan 12 bloemblaadjes

bloem met regelmatig en normaal voorkomen

bloem met buitenste bloemblaadjes wit

bloem met binnenste bloemblaadjes wit, eventueel met groene stipjes

❺ Galanthus Fancy Group

flower not upright

flower without yellow, orange or apricot-coloured marks, lines or tint

flower with inner segments smaller than the outer segments

flower with less than 12 segments

flower with irregular and/or abnormal appearance

❻ Galanthus Green Group

flower not upright

flower without yellow, orange or apricot-coloured marks, lines or tint

flower with inner segments smaller than the outer segments

flower with less than 12 segments

flower with regular and normal appearance

flower with outer segments white with green

❼ Galanthus Albino Group

flower not upright

flower without yellow, orange or apricot-coloured marks, lines or tint

flower with inner segments smaller than the outer segments

flower with less than 12 segments

flower with regular and normal appearance

flower with outer segments white

flower with inner segments white, sometimes with tiny green marks

❽ Galanthus Imperial Group

bloem niet rechtopstaand

bloem zonder gele, oranje of abrikooskleurige tekening, strepen of waas

bloem met binnenste bloemblaadjes kleiner dan de buitenste bloemblaadjes

bloem met minder dan 12 bloemblaadjes

bloem met regelmatig en normaal voorkomen

bloem met buitenste bloemblaadjes wit

bloem met binnenste bloemblaadjes wit met 1 groene tekening

❽ Galanthus Imperial Group

flower not upright

flower without yellow, orange or apricot-coloured marks, lines or tint

flower with inner segments smaller than the outer segments

flower with less than 12 segments

flower with regular and normal appearance

flower with outer segments white

flower with inner segments white with 1 green mark

❾ Galanthus Twomark Group

bloem niet rechtopstaand

bloem zonder gele, oranje of abrikooskleurige tekening, strepen of waas

bloem met binnenste bloemblaadjes kleiner dan de buitenste bloemblaadjes

bloem met minder dan 12 bloemblaadjes

bloem met regelmatig en normaal voorkomen

bloem met buitenste bloemblaadjes wit

bloem met binnenste bloemblaadjes wit met 2 groene tekeningen

❾ Galanthus Twomark Group

flower not upright

flower without yellow, orange or apricot-coloured marks, lines or tint

flower with inner segments smaller than the outer segments

flower with less than 12 segments

flower with regular and normal appearance

flower with outer segments white

flower with inner segments white with 2 green marks

❿ Galanthus Speckled Group

bloem niet rechtopstaand

bloem zonder gele, oranje of abrikooskleurige tekening, strepen of waas

bloem met binnenste bloemblaadjes kleiner dan de buitenste bloemblaadjes

bloem met minder dan 12 bloemblaadjes

bloem met regelmatig en normaal voorkomen

bloem met buitenste bloemblaadjes wit

bloem met binnenste bloemblaadjes wit met 3 of meer groene tekeningen

❿ Galanthus Speckled Group

flower not upright

flower without yellow, orange or apricot-coloured marks, lines or tint

flower with inner segments smaller than the outer segments

flower with less than 12 segments

flower with regular and normal appearance

flower with outer segments white

flower with inner segments white with 3 or more green marks

J F M A M J J A S O N D

upper surface
leaf 138A

petal marking
143B/C

anther
24A/B

fruit
138A

Galanthus nivalis L.
Snowdrop
AMARYLLIDACEAE

Niki Simpson 2006 ©

Galanthus nivalis L.

AMARYLLIDACEAE

- - - - - - - - - - - - - - - -

A bloeiende plant
flowering plant

B plant in vrucht
fruiting plant

C bloem in knop
flower in bud

D detail van bloem
detail of flower

E lengtedoorsnede van bloem
vertical section through flower

F vruchtbeginsel
gynoecium

G meeldraden
stamens, 2 views

H binnenste bloemblad,
buitenkant
*inner perianth segment,
outer surface*

J binnenste bloemblad,
binnenkant
*inner perianth segment,
inner surface*

K buitenste bloemblad,
binnenkant
*inner surface of
outer perianth segment*

L onrijpe vrucht, lengtedoorsnede
*developing fruit,
longitudinal section*

M onrijpe vrucht
immature fruit

N onrijpe vrucht, dwarsdoorsnede
*immature fruit,
transverse section*

P rijpe vrucht
mature fruit

Q top (bovenkant) van rijpe vrucht
apex of mature fruit

R rijpe vrucht, lengtedoorsnede
*mature fruit,
longitudinal section,
showing developing seeds*

S bol in rust
dormant bulb

© Niki Simpson

Gouden klokjes

● ● ● ● ● Van goudgeel tot abrikoos – koeienvlaaien – de strijd om het geelste sneeuwklokje – chlorofyl – gelen, halfers & groenen – sleutel van de Gold Group

Mr Crate, de 'head gardener' van een groot landgoed in Noord-Engeland, vertelde dat er vroeger heel veel sneeuwklokjes geplukt werden om op de markt te verkopen. Hij moest er altijd op letten dat er geen gele sneeuwklokjes tussen zaten, want dan brachten de bosjes minder op. Ruby Baker kan veel over sneeuwklokjes vertellen en dit is maar een van haar verhalen. Zelf heeft ze ook wel iets met gele sneeuwklokjes. Ze heeft ze verzameld en ook gezaaid. Proefondervindelijk heeft ze toen bewezen dat de gele kleur van sneeuwklokjes erfelijk is en doorgegeven wordt via zaad. Al van oudsher komen gele sneeuwklokjes spontaan voor in het Engelse Northumberland. Mr Sanders uit Cambridge vond rond 1877 het eerste. Dit sneeuwklokje werd naar hem 'Sandersii' genoemd. Ongeveer

tegelijkertijd werden nog meer gele sneeuwklokjes gevonden, die 'Lutescens' en 'Flavescens' werden genoemd. Omdat al deze gele nakomelingen van het gewone sneeuwklokje, *Galanthus nivalis*, sterk op elkaar lijken, werd door de auteurs van *Snowdrops* besloten deze sneeuwklokjes geen aparte namen te geven, maar te rangschikken in een groep: de Sandersii Group. Besloten werd in dit boek deze term niet te gebruiken omdat het niet mogelijk is een groep in een groep te plaatsen, vandaar dat hier de oorspronkelijke naam 'Sandersii' met enige aarzeling toch maar wordt gebruikt.

John Richards, emeritus hoogleraar in de botanie aan de universiteit van Newcastle, heeft een aantal jaren geleden onderzoek gedaan naar de gele sneeuwklokjes van Northumberland. Uit dit onderzoek zijn verschillende conclusies naar voren gekomen. Het blijkt dat 1% van de sneeuwklokjes in Northumberland geel is, maar dat die gele kleur niet gelijk over een populatie is verdeeld. In alle populaties komen ook sneeuwklokjes voor die niet geel en niet groen zijn, een soort tussenkleur. Deze worden 'halfers' genoemd.

Wat is de oorzaak van de gele kleur? Als de planten in het voorjaar uitlopen, blijkt dat zowel de gele sneeuwklokjes als de halfers maar een derde van de hoeveelheid chlorofyl A bezitten van de gewone sneeuwklokjes en bijna geen chlorofyl B. Maar als de planten in volle bloei staan, is er geen verschil te ontdekken met de gewone groene. Hiermee is dus het tegendeel bewezen van wat vaak beweerd wordt, namelijk dat gele sneeuwklokjes minder sterk zijn. Naar het antwoord op de vraag waarom gele sneeuwklokjes vooral in Northumberland voorkomen, kan slechts geraden worden. Een reden zou kun-

▼

'Sandersii'

Golden drops

• • • • • From golden yellow to apricot – cowpats – the battle for the 'yellowest' snowdrop – chlorophyll – yellows, halfers and greens – key to the Gold Group

Mr. Crate, the head gardener of a large country estate in the north of England, told of how, in years gone by, they used to pick a great many snowdrops to sell on the local market. It was his job to make sure that there were no yellow snowdrops in among them, since then the bunches would sell for less. Ruby Baker is a mine of information about snowdrops, and that is just one of her many anecdotes. She herself has a thing about yellow snowdrops – she has collected them and also sown them. By means of experimentation, she demonstrated that yellow snowdrops inherit their colour, which is passed down through the seed.

Yellow snowdrops have been observed growing in the wild in Northumberland for over a century. Mr. Sanders from Cambridge discovered the first one around the year 1877, and this snowdrop, 'Sandersii', was named after him. Around the same time, other yellow snowdrops were found too, which were named 'Lutescens' and 'Flavescens'. Since all of these yellow descendants of the common snowdrop, *Galanthus nivalis*, strongly resemble one another, the the authors of *Snowdrops* decided – rather than giving each one a different name – to group them together in the Sandersii Group. After much deliberation, the decision was taken not to use the term Sandersii Group in this book, since it is not possible to place a group within another group. Therefore, for want of a better alternative, the original name 'Sandersii' is used here instead.

Northumberland

A few years ago, John Richards, Emeritus Professor in botany at the University of Newcastle, conducted research into the yellow snowdrops in Northumberland, producing a number of different conclusions. It seems that 1% of all snowdrops in Northumberland are yellow, but that the yellow colour is not spread evenly over a colony. All colonies also contain snowdrops that are neither yellow nor green, but instead have a sort of in-between colour. These are called 'halfers'.

What causes the yellow colour? When the plants pop up in the spring, it seems that both the yellow snowdrops and the halfers contain just one third of the amount of chlorophyll A of the common snowdrops and almost no chlorophyll B. But once the plants have fully flowered, the chlorophyll levels are the same as in regular greens. This disproves the often-made claim that yellow snowdrops are weaker than the others. The answer to the question of why yellow snowdrops are found predominantly in Northumberland is pure guesswork. John Richards suggests that the yellow snowdrops particularly thrive in a relatively high intensity of light. Since Spring arrives

23

▼

nen zijn dat de gele sneeuwklokjes het uitzonderlijk goed doen bij een relatief hoge lichtintensiteit. Het voorjaar begint laat in Northumberland, waardoor de lichtintensiteit al hoog is tegen de tijd dat de sneeuwklokjes boven de grond komen. Aan de oostkust van Schotland schijnen gele sneeuwklokjes het in tuinen ook uitstekend naar hun zin te hebben, maar komen daar niet van oorsprong in het wild voor.

Hoewel het weinig zin heeft elk geel sneeuwklokje een naam te geven, verschijnen er toch steeds meer benaamde gouden klokjes. Mensen houden van uitzonderingen en met het massale aanbod van cultivars van de laatste tijd is men zich gaan specialiseren, zo ook in gele sneeuwklokjes.

Was er eerst een stilzwijgende afspraak dat alle gele nivalissen afkomstig uit Northumberland niet apart benaamd zouden worden, nu is er alweer een behoorlijk aantal benaamde gele nivalissen hier of elders vandaan. Als ze heel erg anders zijn,

zou het te rechtvaardigen zijn, maar niet voor niets ontschoot een bekende Engelse sneeuwklokjesspecialist de opmerking: *'Another one of those bloody yellows.'* Helaas heeft het fanatieke zoeken naar gele sneeuwklokjes ertoe geleid dat ze in Northumberland alleen nog maar op landgoederen voorkomen en bijna niet meer in het wild. Iedereen die er een tegenkwam, dacht dat zijn klokje van goud zou zijn.

Maar ook de gele sneeuwklokjes op landgoederen zijn hun leven niet zeker. Op Colesbourne werd in 1983 een polletje gele sneeuwklokjes ontdekt. Bijzonder was dat dit een gele vorm van *Galanthus elwesii* was. Dit sneeuwklokje, dat 'Carolyn Elwes' werd genoemd, naar de eigenaresse van Colesbourne, vermeerderde zich langzaam, maar gestaag. Tot het noodlot toesloeg en op een open dag in 1997 bijna de hele pol uit de tuin werd gestolen. Dit feit haalde de kranten en nog nooit waren de open dagen daarna zo druk bezocht. Helaas

▼

'Primrose Warburg'

Cowpat/Koeienvlaai

relatively late in Northumberland, the light intensity is high by the time the snowdrops emerge. Yellow snowdrops also appear to grow very well in gardens on the east coast of Scotland, but do not arise there.

Although there is little point in naming each and every yellow snowdrop individually, there is a noticeable increase in the number of named golden drops. People like exceptions, and in view of the massive range of cultivars on offer recently, there is a tendency to specialise, and this trend affects yellow snowdrops too. Whereas there was at first an unspoken agreement that yellow nivalis from Northumberland would not be named individually, there has since been a considerable number of yellow nivalis, from Northumberland or elsewhere, which have been named. If they really were distinct, it could be justified, but the reaction of a renowned snowdrop expert says it all: "Another one of those bloody yellows." Unfortunately, the

obsessive hunt for yellow snowdrops in Northumberland has resulted in them now only growing on country estates, having virtually disappeared. It seems that everyone who found one thought it would be a drop of gold.

But even the yellow snowdrops on country estates are not entirely safe. A small clump of yellow snowdrops was discovered at Colesbourne in 1983. Notably, this was a yellow form of *Galanthus elwesii*. This snowdrop, which was named 'Carolyn Elwes' after Colesbourne's lady owner, propagated itself slowly but steadily – until disaster struck one day in 1997, when virtually the entire clump was stolen out of the garden. This event made the national newspapers, drawing a record number of visitors to the open days that followed. Sadly, the stolen snowdrops were never recovered and never spotted on the circuit. Only in the last few years has Colesbourne started to offer a limited number of specimens again. ▼

25

'Carolyn Elwes'

Carolyn Elwes

...en vinden
...and finding

zijn de gestolen sneeuwklokjes nooit ontdekt en nooit op de markt gebracht. Pas de laatste jaren worden er door Colesbourne mondjesmaat exemplaren van aangeboden.

De gele sneeuwklokjes van de Wandlebury Ring bij Cambridge vertellen weer een heel ander verhaal. Toen de moeder van Joe Sharman in 1983 daar een wandeling maakte, ontdekte ze een pol gele sneeuwklokjes. Zij waarschuwde haar zoon Joe, die de beheerder Bill Clark ervan overtuigde dat deze sneeuwklokjes heel bijzonder waren. Het waren afstammelingen van *Galanthus plicatus*. Het sneeuwklokje werd naar de vrouw van Bill Clark genoemd: 'Wendy's Gold'. Later vond Bill Clark daar nog een afwijkend sneeuwklokje, dat 'Bill Clark' genoemd werd. Door kruisingen met 'Wendy's Gold' ontstond later 'Wandlebury Ring'. Als je daar wandelt, kun je de gele sneeuwklokjes misschien tegenkomen. We bezochten Wandlebury Ring, de camera's klikten en daar stond er eentje, helemaal alleen.

Het feit dat ze van de gele *G. plicatus* geen Group gemaakt hebben, vertelt Joe, komt doordat de exemplaren die de moeite

26

van het benamen waard waren, bijzonder goed bekeken zijn en allemaal duidelijk van elkaar verschillen.
Sneeuwklokjescultivars waarvan de afkomst niet goed vaststaat, zijn er ook al, zoals 'June Boardman', 'Primrose Warburg', 'Fiona's Gold' en 'Ronald Mackenzie'.

Wispelturige gele sneeuwklokjes zijn er ook. Neem nou 'Lady Elphinstone', een mooie dubbele sneeuwklok. Deze gele variant van het gewone dubbele sneeuwklokje 'Flore Pleno' werd in 1890 door Sir Elphinstone op zijn landgoed ontdekt. Het werd naar zijn dochter genoemd. De Lady houdt echter niet van verplanten en wordt dan groen van nijd, tot ze na een paar jaar weer vrolijk geel laat zien.

Mensen bij wie de dollartekens hun blik vertroebelen, kunnen zich rijk rekenen door onder een koeienvlaai, een pak sneeuw of een laag blad, sneeuwklokjes te ontdekken. Als de bladeren en bloemen van sneeuwklokjes onder dergelijke dingen proberen omhoog te komen, zien ze er knalgeel uit. Maar dat geel wordt al snel weer gewoon groen. Er zijn trouwens ook sneeuwklokjes waarvan het blad geel uitloopt en een paar weken zo blijft.
Van geel naar oranje of abrikoos is maar een klein stapje. Er schijnen nu een paar zogenaamde oranje sneeuwklokjes gevonden te zijn, die echter nog maar door een paar insiders gezien zijn. We wachten af. ▼

Op Wandlebury Ring zoeken...
Seeking at Wandlebury Ring...

There is a different story behind the yellow snowdrops of Wandlebury Ring near Cambridge. In 1983, when Joe Sharman's mother was taking a stroll there, she discovered a clump of yellow snowdrops. She told her son, Joe, who managed to convince the warden, Bill Clark, that the snowdrops were something special. They were descendants of *Galanthus plicatus*, and were named after Bill Clark's wife: 'Wendy's Gold'. Later, Bill Clark found another unusual snowdrop there, which was named 'Bill Clark'. 'Wandlebury Ring' itself eventually resulted from hybridizing 'Wendy's Gold'. When walking there, you might come across the yellow snowdrops. We visited Wandlebury Ring, cameras at the ready, and saw just one, standing all by itself.

The reason that they did not make the yellow *G. plicatus* into a Group, Joe explains, is that the specimens that were considered to be worth naming were inspected particularly closely and were all found to be clearly distinct.

There are also several snowdrop culivars, the origin of which is unclear, such as 'June Boardman', 'Primrose Warburg', 'Fiona's Gold' and 'Ronald Mackenzie'. Some yellow snowdrops can be fickle. Take 'Lady Elphinstone', for example, a nice double snowdrop. This yellow variation of the common double snowdrop 'Flore Pleno' was discovered in 1890 by Sir Elphinstone on his estate. It was named after his daughter. However, the Lady does not appreciate being replanted and turns green around the gills, taking a couple of years to recover and revert to her sprightly yellow colour.

Anyone blinded by dollar signs can believe they have struck it rich when they discover snowdrops under a cowpat, snow or fallen leaves. The leaves and flowers of snowdrops struggling to emerge from under those kinds of substances are usually

'Lowick'

'Wendy's Gold'

bright yellow. But that yellow soon turns to green. Incidentally, some snowdrops have yellow leaves when they emerge, remaining so for a couple of weeks.

Orange or apricot is just a small step away from yellow. Apparently, a couple of so called orange snowdrops have been found, although they have so far only been seen by a handful of insiders. All will no doubt be revealed in time. ▼

27

Sleutel Galanthus Gold Group

1 • bloem met gele, oranje of abrikooskleurige tekening, strepen of waas	2
1 • bloem zonder gele, oranje of abrikooskleurige tekening, strepen of waas	4
2 • binnenste bloemblaadjes met gele tekening	'Chadwick's Cream'
2 • binnenste bloemblaadjes met groene tekening	3
3 • 1 tekening	'Anglesey Orange Tip'
3 • 2 tekeningen	'Joy Cozens'
4 • bloem met 12 bloemblaadjes of meer = bloem gevuld	'Lady Elphinstone'
4 • bloem met minder dan 12 bloemblaadjes = bloem enkel	5
5 • bloem enkel, vruchtbeginsel geel	6
5 • bloem enkel, vruchtbeginsel groen	24
6 • buitenste bloemblaadjes met gele tekening	7
6 • buitenste bloemblaadjes zonder gele tekening	8
7 • tekening op binnenste bloemblaadje duidelijk groter dan 50%	'Carolyn Elwes'
7 • tekening op binnenste bloemblaadje duidelijk kleiner dan 50%	'Ecusson d'Or'
8 (bloem enkel, vruchtbeginsel geel, buitenste bloemblaadje zonder gele tekening)	
8 • binnenste bloemblaadje met 3 tekeningen	'Ronald Mackenzie'
8 • binnenste bloemblaadje met 2 tekeningen	9
8 • binnenste bloemblaadje met 1 tekening	10
9 • 2 tekeningen aan de top van het binnenste bloemblaadje	'Norfolk Blonde'
9 • 1 tekening aan de basis en 1 tekening bij de top van het binnenste bloemblaadje	'Wolfgang's Gold'
10 • tekening duidelijk groter dan 50%	11
10 • tekening kleiner dan 50%	12
11 • tekening nabij de top ingeknepen	'Carolyn Elwes'
11 • tekening niet ingeknepen	'Wendy's Gold'
12 • blad min of meer glimmend groen	'Elizabeth Harrison'
12 • blad min of meer blauw berijpt of gedeeltelijk berijpt	13
13 • tekening minder geel gekleurd dan het vruchtbeginsel	14
13 • tekening ongeveer even geel gekleurd of sterker dan het vruchtbeginsel	16
14 • tekening tot ongeveer halverwege het bloemblaadje	'June Boardman'
14 • tekening alleen bij de top van het bloemblaadje	15

Key Galanthus Gold Group

1 • flower with cream, orange or apricot coloured mark, stripes or tint	2
1 • flower without cream, orange or apricot coloured mark, stripes or tint	4
2 • inner segment with yellow mark	'Chadwick's Cream'
2 • inner segment with green mark	3
3 • 1 mark	'Anglesey Orange Tip'
3 • 2 marks	'Joy Cozens'
4 • flower with 12 segments or more = flower double	'Lady Elphinstone'
4 • flower with less than 12 segments = flower single	5
5 • flower single, ovary yellow	6
5 • flower single, ovary green	24
6 • outer segment with yellow mark	7
6 • outer segment without yellow mark	8
7 • mark on inner segment distinctly more than 50%	'Carolyn Elwes'
7 • mark on inner segment distinctly less than 50%	'Ecusson d'Or'
8 (flower single, ovary yellow, outer segment without yellow mark)	
8 • inner segment with 3 marks	'Ronald Mackenzie'
8 • inner segment with 2 marks	9
8 • inner segment with 1 mark	10
9 • 2 marks on the top of the segment	'Norfolk Blonde'
9 • 1 mark on the base and 1 mark at the top of the segment	'Wolfgang's Gold'
10 • mark distinctly more than 50%	11
10 • mark less then 50%	12
11 • mark pinched near top	'Carolyn Elwes'
11 • mark not pinched	'Wendy's Gold'
12 • leaf more or less glossy green	'Elizabeth Harrison'
12 • leaf more or less glaucous or partly glaucous	13
13 • mark less yellow in colour than the ovary	14
13 • mark at least as similar in yellow as the ovary or stronger	16
14 • mark reaching to about halfway of the segment	'June Boardman'
14 • mark only near the top of the segment	15

15 • bladrand iets omgekruld, bloemstengel tot 20 cm lang	'Spindlestone Surprise'
15 • bladrand vlak tot iets omgekruld, bloemstengel tot 13 cm lang	'Primrose Warburg'
16 • Hiertoe behoren o.a.	'Bill Clark', 'Fiona's Gold', 'Golden Boy', 'Grakes Gold', 'Grakes Yellow', 'Lowick', 'Madelaine', 'Ray Cobb', 'Robert Wijnen', 'Sandersii', 'Sarah Dumont', 'Savill Gold', 'Spetchley Yellow' & 'Wandlebury Ring'
16 • tekening tot ongeveer halverwege het bloemblaadje	17
16 • tekening alleen nabij de top van het bloemblaadje	19
17 • lijn van de tekening min of meer afgerond ⌒	18
17 • lijn van de tekening min of meer spits ⋀	'Madelaine', 'Wandlebury Ring'
18 • vruchtbeginsel ongeveer even lang als het binnenste bloemblaadje	'Bill Clark'
18 • vruchtbeginsel ongeveer half zo lang als het binnenste bloemblaadje	'Sarah Dumont'
19 • lijn van de tekening min of meer afgerond ⌒	20
19 • lijn van de tekening min of meer spits ⋀	22
20 • vruchtbeginsel min of meer langwerpig	'Fiona's Gold', 'Grakes Yellow', 'Lowick', 'Sandersii'
20 • vruchtbeginsel min of meer elliptisch tot eivormig	21
21 • blad gedraaid	'Savill Gold'
21 • blad niet gedraaid	'Spetchley Yellow'
22 • vruchtbeginsel min of meer langwerpig, tekening met onduidelijke rand	'Golden Boy', 'Grakes Gold', 'Robert Wijnen'
22 • vruchtbeginsel min of meer elliptisch tot eivormig, tekening met duidelijke rand	23
23 • tekening klein, ongeveer 1/5	'Ray Cobb'
23 • tekening ongeveer 2/5 tot soms halverwege	'Wandlebury Ring'
24 (bloem enkel, vruchtbeginsel groen)	
24 • vruchtbeginsel min of meer langwerpig	'Blonde Inge'
24 • vruchtbeginsel min of meer elliptisch	'Chadwick's Cream'

15 • leaf margins narrowly explicative, scape to 20 cm	'Spindlestone Surprise'
15 • leaf margins flat to narrowly explicative, scape to 13 cm	'Primrose Warburg'
16 • This group includes a.o.	'Bill Clark', 'Fiona's Gold', 'Golden Boy', 'Grakes Gold', 'Grakes Yellow', 'Lowick', 'Madelaine', 'Ray Cobb', 'Robert Wijnen', 'Sandersii', 'Sarah Dumont', 'Savill Gold', 'Spetchley Yellow' & 'Wandlebury Ring'
16 • mark reaching to about halfway of the segment	17
16 • mark only near the top of the segment	19
17 • line of the mark more or less round ∩	18
17 • line of the mark more or les pointed ∧	'Madelaine', 'Wandlebury Ring'
18 • ovary about as long as the inner segment	'Bill Clark'
18 • ovary about half as long as the inner segment	'Sarah Dumont'
19 • line of the mark more or less round ∩	20
19 • line of the mark more or les pointed ∧	22
20 • ovary more or less oblong	'Fiona's Gold', 'Grakes Yellow', 'Lowick', 'Sandersii'
20 • ovary more or less elliptic-ovate	21
21 • leaves twisted	'Savill Gold'
21 • leaves not twisted	'Spetchley Yellow'
22 • ovary more or less oblong, margin of mark just slightly diffuse	'Golden Boy', 'Grakes Gold', 'Robert Wijnen'
22 • ovary more or less elliptic-ovate, mark distinctly margined	23
23 • mark only about 1/5	'Ray Cobb'
23 • mark about 2/5, sometimes reaching to about halfway	'Wandlebury Ring'
24 (flower single, ovary green)	
24 • ovary more or less oblong	'Blonde Inge'
24 • ovary more or less elliptic	'Chadwick's Cream'

31

Mooi groen is niet lelijk

• • • • • 'Scharlockii' – 'Warei' – 'Viridapice' – wie is wat – van apotheker tot bollenboer – groenpunten en ezelsoren

'Groene sneeuwklokjes zijn misschien meer interessant dan mooi.' Niemand minder dan de bekende Edward Augustus Bowles schreef dit in 1917, een tijd waarin er drie groene sneeuwklokjes bekend waren: 'Scharlockii', 'Warei' en 'Viridapice'. Ondanks diverse naamsveranderingen bestaan deze drie nog steeds en onderscheiden ze zich van andere sneeuwklokjes door groene vlekken op de buitenste bloembladen. Ze hebben nog meer overeenkomsten: alle drie zijn het selecties uit *Galanthus nivalis*. Waarin ze verschillen?

'Scharlockii'
Om te beginnen met het sneeuwklokje dat het meest herkenbaar is: 'Scharlockii'. Dit sneeuwklokje heeft een schutblad dat in tweeën is gedeeld. Doordat deze twee bladachtige delen recht omhoog staan, worden ze wel ezelsoren, konijnenoren, hazenoren of vleugels genoemd. 'Scharlockii' heeft zijn naam te danken aan de apotheker Julius Scharlock (1809-1899). Deze man woonde in Graudenz in Pruisen en zou dit sneeuwklokje al voor 1868 ontdekt hebben in de vallei van de Nahe, een zijrivier van de Rijn. Professor Caspary heeft dit sneeuwklokje naar de apotheker genoemd. Botanici hebben altijd getwijfeld (en doen dat nu nog) of dit hazenoortje een subspecies, variëteit, forma of cultivar van *Galanthus nivalis* moet zijn.

Karl-Heinz Neuwirth twijfelde zelfs aan het verhaal. Hij vroeg zich af of Scharlock (ook Scharlok geschreven) wel in het dal van de Nahe in het westen van Pruisen geweest is. Hij vindt het waarschijnlijker dat dit sneeuwklokje uit het dal van de Brahe

▼

32

'Scharlockii'

Green can be pretty too

● ● ● ● ● 'Scharlockii' – 'Warei' – 'Viridapice' – which is which – from pharmacist to bulbgrower – green tips and donkey's ears

'Green snowdrops are perhaps more interesting than beautiful,' wrote none other than the renowned Edward Augustus Bowles in 1917, at a time when only three green snowdrops were known: 'Scharlockii', 'Warei' and 'Viridapice'. Despite various name changes, these three still exist, distinguished from other snowdrops by green spots on their outer segments. They have something else in common, too: all three of them are selections from *Galanthus nivalis*. But how do they differ?

'Scharlockii'

Starting with the snowdrop that is the easiest to identify: 'Scharlockii'. This snowdrop has a spathe that is split into two down the centre. Because these two leaf-like parts stand upright, they are known as donkey's ears, rabbit's ears, hare's ears or wings. 'Scharlockii' owes its name to the pharmacist Julius Scharlock (1809-1899). This gentleman lived in Graudenz in Prussia and is said to have discovered this snowdrop prior to 1868 in the valley of the river Nahe, a tributary of the Rhine. Professor Caspary named this snowdrop after the pharmacist. Botanists have always debated, even to this day, whether this rabbit's ear should be classed as a subspecies, a variety, a forma or a cultivar of *Galanthus nivalis*.

Karl-Heinz Neuwirth even called the story into question. He wondered whether Scharlock (sometimes also seen as 'Scharlok') had actually been in the Nahe valley in the western region of Prussia. He believes that it is more likely that this snowdrop came from the valley of the river Brda in West Prussia, since that is where Scharlock lived. Although the snowdrop was first described in 1868, it was probably found earlier, and the supposed location of the find was some 1,000 km away from the pharmacist's home town – which was a considerable distance in those days. A fellow pharmacist, Fritz Wandesleben, did in fact live in the Nahe valley at that time, in Sobernheim. The *Flora van Kreuznach*, published in 1903, mentions that this pretty snowdrop originates from an older garden in Sobernheim, Fritz Wandesleben's garden, where the pharmacist J. Scharlock found it. It had been growing in this garden for over fifty years, and it had been widely distributed by Scharlock and Wandesleben. It even states that it did not alter, so it was obviously very stable!

Neuwirth travelled to Sobernheim – which has since become famous as a spa town and is now known as Bad Sobernheim – a few years ago. He went in search of 'Scharlockii', and found it. He discovered that the populations were not uniform, instead also containing forms which could easily be mistaken for 'Viridapice' and 'Warei'. There have been various clones since then, some of which are the result of seeding.

Apparently, such a snowdrop can spontaneously appear in a *Galanthus nivalis* population from seed. For that reason, Neuwirth believes it is right to call this snowdrop *Galanthus nivalis* var. *scharlockii*. The authors of *Snowdrops*, Bishop-Davis-Grimshaw, think differently and speak of indications that the snowdrop was found in a garden. Hence, they call it *Galanthus nivalis* 'Scharlockii'. Nowadays, scharlockii's can be found ranging from big to small, even yellow and albino and

▼

33

Galanthus
nivalis var.
scharlockii
HU 2001·23

Blätter wenig bereift
Blüten duften süss

(Brda) in West-Pruisen komt, want daar woonde Scharlock. Hoewel het sneeuwklokje in 1868 werd beschreven, werd het waarschijnlijk al eerder gevonden en een reis van de woonplaats van de apotheker naar de veronderstelde vindplaats was zo'n 1000 km. Een respectabele afstand in die tijd.

In het dal van de Nahe, in Sobernheim, woonde destijds wel een collega-apotheker, Fritz Wandesleben. In de in 1903 verschenen *Flora van Kreuznach* staat dat dit mooie sneeuwklokje uit een oudere tuin in Sobernheim stamt, de tuin van Fritz Wandesleben, waar de apotheker J. Scharlock het vond. In deze tuin groeide het al langer dan vijftig jaar en is door Scharlock en Wandesleben veelvuldig verspreid. Er wordt bij vermeld dat het niet veranderde, dus het was kennelijk stabiel!

Neuwirth is een paar jaar geleden afgereisd naar Sobernheim, dat tegenwoordig een bekend kuuroord is en Bad Sobernheim heet. Hij is in de omgeving naar 'Scharlockii' gaan zoeken en heeft ze gevonden. Hij ontdekte dat de populaties niet gelijkvormig waren, maar dat er ook vormen in voorkwamen

die met gemak voor 'Viridapice' en 'Warei' door konden gaan. Tegenwoordig zijn er verschillende klonen die voor een deel door zaaien ontstaan zijn.

Kennelijk kan een dergelijk sneeuwklokje spontaan in een *Galanthus nivalis*-bestand voorkomen, uit zaad. Neuwirth vindt het daarom gerechtvaardigd dat dit sneeuwklokje *Galanthus nivalis* var. *scharlockii* wordt genoemd.

De auteurs van *Snowdrops*, Bishop-Davis-Grimshaw, denken er anders over en spreken over aanwijzingen dat het sneeuwklokje in een tuin werd gevonden. Daarom noemen ze het *Galanthus nivalis* 'Scharlockii'. De tegenwoordige scharlockii's variëren van klein tot groot, zelfs geel en albino en deze auteurs zijn van mening dat het geen zin heeft om deze allemaal apart te benamen, omdat ze morfologisch niet verschillen van het type, op een paar uitzonderingen na.

Zonneveld (*The systematic value of nuclear DNA content in Galanthus*, B.J.M. Zonneveld et al 2003) heeft bewezen dat een normaal exemplaar diploïd is, net als de soort.

Bijzonder was het een 'Scharlockii' te vinden in het Herbarium in Leiden en te ontdekken dat dit sneeuwklokje dateerde van 16-4-1881 en waarschijnlijk door Scharlo(c)k zelf werd gevonden in Graudenz in West-Pruisen. Als naam werd vermeld: *Galanthus nivalis* L. forma Scharlokii Caspary.

Op hetzelfde blad was een papiertje geplakt waarop staat: *Galanthus nivalis* var. *scharlokii* Caspary 15/3 79 gevonden in Nahetal door Scharlok afkomstig uit de Botanische Tuin van Oenipontano (tegenwoordig Innsbruck).

Nog niet alle raadselen van het ezelsoortje zijn opgelost, hoewel intussen (voor het eerst beschreven in 1981) ontdekt is dat deze sneeuwklokjes ook in het oosten van België in het wild voorkomen. ▼

these authors do not see the point of naming them all individually, because there is no morphological difference from the type, apart from a couple of exceptions. Zonneveld (*The systematic value of nuclear DNA content in* Galanthus, B.J.M. Zonneveld et al 2003) has demonstrated that a normal specimen is diploid, just like the species.

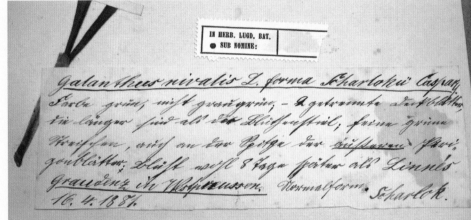

It was exciting to come across a 'Scharlockii' in the herbarium in Leiden and to discover that this snowdrop dated from 16-4-1881 and had probably been found by Scharlo(c)k himself in Graudenz in West Prussia. The name on display was *Galanthus nivalis* L. forma Scharlokii Caspary. Another piece of paper was attached, which read "*Galanthus nivalis* var. *scharlokii* Caspary 15/3 79 found in the Nahe valley by Scharlok originating from the Botanical Gardens of Oenipontano (now known as Innsbruck).

35

The donkey's ear still holds some secrets, although it has since been discovered (first described in 1981) that these snowdrops also occur in the wild in the eastern part of Belgium.

'Warei'

This snowdrop was described in 1891 by James Allen: green spots on the outer segments just like 'Scharlockii', but no split spathe. He received the snowdrop from the Scottish collector Boyd, who had himself been given it as a 'Scharlockii' by Ware, the bulbgrower from Tottenham. These gentlemen claimed that this snowdrop was better at reproducing than 'Scharlockii'. ▼

'Warei'

36

'Warei'

Dit sneeuwklokje werd in 1891 door James Allen beschreven: groene vlekken op de buitenste bloembladen net als 'Scharlockii', maar geen gedeeld schutblad. Hij kreeg het sneeuwklokje van de Schotse verzamelaar Boyd, die het op zijn beurt weer kreeg van de bollenboer Ware uit Tottenham als een 'Scharlockii'. Dit sneeuwklokje zou zich volgens de heren beter vermeerderen dan 'Scharlockii'. Het schutblad was dan wel niet gedeeld, maar wel groot en zat als een huifje over het bloemetje.

Volgens Bishop-Davis-Grimshaw heeft 'Warei', zoals dit sneeuwklokje genoemd werd naar de bollenhandelaar, het best ontwikkelde schutblad dat tot 11 cm lang kan worden. De tekening op de binnenste bloembladen is iets omgekruld aan de uiteinden.

Volgens Zonneveld is dit sneeuwklokje een triploïde vorm van nivalis.

'Viridapice'

Dit sneeuwklokje werd rond 1900 door J.C.M. Hoog van de Kwekerij Van Tubergen bij een oude boerderij in Noord-Holland gevonden. In 1922 werd het door Engelse bollenkwekers ingezonden op een RHS Show als een 'greentipped snowdrop'.

E.A. Bowles maakte in 1916 een tekening van deze plant, die nu bewaard wordt bij de Lindley Library, en hij schreef hierbij de naam: G. nivalis maximus van Van Tubergen = viridapice Barr. Deze tekening is gekozen als standaard voor de cultivar 'Viridapice'.

Vroeger dacht men dat dit sneeuwklokje een kruising was tussen een scharlockii en een plicatus, maar DNA-onderzoek sluit deze mogelijkheid uit. Het is een cultivar van *Galanthus nivalis* en net als 'Warei' een triploïde vorm.

Er wordt ook wel beweerd dat de heer Hoog een 'Warei' vond, maar dat niet wist en het daarom als een aparte cultivar beschouwde. Maar 'Viridapice' wordt tegenwoordig toch als aparte cultivar erkend. In Nederland worden deze sneeuwklokjes eenvoudigweg 'groenpunten' genoemd. Josephine Dekker, die in Noord-Holland sneeuwklokjes teelt, net als haar vader vroeger al deed, teelt nog steeds de originele groenpunten.

De tegenwoordige cultivars 'Scharlockii', 'Warei' en 'Viridapice' zijn niet meer exact dezelfde als de oorspronkelijke, maar onderscheiden zich genoeg om hun naam te behouden. Zij zijn de voorlopers van vele andere 'groene' sneeuwklokjes die zeer geliefd zijn en niet alleen meer interessant dan mooi, zoals Bowles destijds schreef.

The spathe might not have been split, but it was still large, forming a kind of canopy over the flower.

According to the authors Bishop-Davis-Grimshaw, the spathe of the 'Warei' – as this snowdrop was named, after the bulb dealer – is the best developed, able to grow up to 11 cm long. The marking on the inner segments is not turned up at the ends. According to Zonneveld, this snowdrop is a triploid form of *nivalis*.

'Viridapice'

This snowdrop was found around 1900 by J.C.M. Hoog, of the Van Tubergen Nursery, on an old farm in the province of North Holland. In 1922, English bulb growers entered it into the RHS show as a 'green-tipped snowdrop'. E.A. Bowles drew this plant in 1916, listing the name as G. nivalis maximus of Van Tubergen = viridapice Barr. This drawing, which is now kept at the Lindley Library, has since become the standard for the cultivar 'Viridapice'.

It was previously thought that this snowdrop was a hybrid between a scharlockii and a plicatus, but DNA testing has eliminated that possibility. It is a cultivar of *Galanthus nivalis* and, just like 'Warei', a triploid form.

Some claim that Mr. Hoog also found a 'Warei' but did not realise it, hence regarding it as a separate cultivar. Nevertheless, 'Viridapice' is nowadays recognised as a separate cultivar. In Dutch, these snowdrops are simply known as *groenpunten* (green tips). Josephine Dekker, who followed in her father's footsteps to grow snowdrops in North Holland, still grows the original green tips to this day.

So it seems that today's cultivars 'Scharlockii', 'Warei' and 'Viridapice' are no longer exactly the same as the original ones, but they are still distinct enough to be able to retain their names. They are the precursors of many other 'green' snowdrops, which are now not merely 'more interesting than beautiful,' as Bowles wrote in his day, but are also very popular.

'Viridapice'

Bollenglazen

Sneeuwklokjesglazen – achttiende-eeuws stekelvarken

Patricia Coccoris verzamelt sinds 1990 bollenglazen. Ze begon met twee groene glazen en heeft nu een prachtige verzameling van ruim 600 glazen.

Haar huis is een museum. Een museum waarin de meest fantastische bollenglazen kasten, planken en kamers vullen. Nadat Patricia twintig jaar geleden de eerste glazen ontdekt had, groeide de verzameling al snel van veertig naar zestig, naar steeds meer en meer.

Zij specialiseert zich in groen glas, vertelt ze, anders is het eind zoek. Voor haar beroep reist ze heel veel en vooral in Engeland en Frankrijk heeft ze veel bollenglazen op de kop getikt.

Zij verzamelt niet alleen bollenglazen, maar ook alle informatie daarover. Daarvan heeft ze een enorm uitgebreid archief aangelegd. In eerste instantie ging het haar om de glazen en de geschiedenis ervan en had ze geen ervaring met het trekken van bollen op glas. Maar ook hier heeft zij zich in verdiept en behalve hyacinten waarvoor de meeste glazen gemaakt zijn, heeft ze ook alliums, krokussen, tulpen, amaryllissen en irissen op glazen in bloei getrokken.

In haar verzameling heeft ze ook heel kleine glaasjes, te klein voor krokussen, waar ze eerst maar weinig informatie over kon vinden. Ze bedacht toen dat het wel eens sneeuwklokjesglaasjes zouden kunnen zijn. Hoewel niemand haar geloofde, is het haar gelukt om sneeuwklokjes op deze glaasjes in bloei te trekken.

Nadat ze de bolletjes op de glaasjes had gezet, plaatste ze deze in kistjes, daarna in een schuurtje, en als het vroor op zolder. Ze vulde de glaasjes bij met een injectiespuitje. 'Je had me moeten zien,' vertelt ze, 'toen ik het eerste bloemetje ontdekte, sprong ik een gat in de lucht.'

De sneeuwklokjesglaasjes zijn afkomstig uit Engeland en rond 1880 gemaakt.

Patricia heeft ook een 'stekelvarkentje' van Wedgwood in haar verzameling. Dit stekelvarken heeft gaatjes waardoor sneeuwklokjesbolletjes hun bloemen kunnen laten zien. De eerste stekelvarkentjes voor sneeuwklokjes werden rond 1775 gemaakt. In de catalogus van Wedgwood werden ze 'Porkoipin for snowdrips' genoemd, wat later vertaald werd als 'Hedgehog bulb pot for snowdrops'.

Bulb vases

Snowdrop vases – eighteenth-century porcupine

Patricia Coccoris has been collecting bulb vases since 1990. It all started with two green vases and she is now the proud owner of a wonderful collection of over 600 of them.

Her home is like a museum – one in which the cabinets, shelves and rooms are filled with the most amazing collection of bulb vases. After buying her first ones some twenty years ago, Patricia's collection rapidly increased to forty, then sixty vases, and just kept on growing. She explained that she limits herself to green vases only, since otherwise there really would be no end to it. She travels frequently for her work, and she has purchased many of the vases in her collection abroad, especially in England and France.

Patricia collects not only the bulb vases themselves but also every piece of information relating to them, which she keeps in an unbelievably comprehensive archive. She was initially focused on the vases and their history, having had no experience of forcing flowers. But, as time went on, she took an increasing interest in this area too; in addition to hyacinths – the flowers that most bulb vases are intended for – she has also forced alliums, crocuses, tulips, amaryllis and irises.

Her collection also includes the tiniest of vases that are too small even for crocuses, and she struggled at first to find any information about them. She then decided that they had probably been designed for snowdrops. Although no one else believed her, she succeeded in forcing snowdrops in those dainty vases.

After putting the bulbs in the vases, she placed them in boxes and then kept them in her shed – or, during frosty spells, in her loft. She used a syringe to fill the vases. 'You should have seen me,' she recalls, 'I jumped for joy when I saw the first flower!' The snowdrop vases were made in England around 1880.

Patricia also has a Wedgwood 'porcupine' in her collection – it is designed so that the snowdrop flowers protrude through the holes all over its body. The porcupine bulb pots were first made for snowdrops around 1775. In the Wedgwood catalogue, they were originally listed as 'Porkoipin for snowdrips', which was later changed to 'Hedgehog bulb pot for snowdrops'.

39

Herbarium

'Angelique'   'Fuzz'

●●●●● Flower Record – gedroogde bloemen geuren – Universiteit Leiden

Dit heeft absoluut geen botanische waarde, je kunt niet alleen maar de bloem drogen, maar je moet een hele plant drogen, compleet met blad en bol.

Dit commentaar kwam van John Grimshaw, bekend botanicus en bollenspecialist. Uiteraard heeft hij gelijk. 'Maar John, je krijgt het al nauwelijks voor elkaar om een bloem van een kostbaar sneeuwklokje te mogen plukken om te fotograferen en daarna te drogen. Een blad erbij en dan ook nog een bol, dat lukt echt niet.' Alan Street had de oplossing: dan noem je het toch een 'Flower Record'?

Het Galanthus 'Flower Record Herbarium' bestaat inmiddels uit ruim 200 cultivars van sneeuwklokjes. Wim Snoeijer plakte deze professioneel op vellen, voorzag ze van bijpassende informatie en nu zijn ze opgeborgen bij het Nationaal Herbarium Nederland van de Universiteit Leiden. De herbariumexemplaren liggen alfabetisch op cultivar in dozen en ze zijn ook al in de vriezer geweest om ervoor te zorgen dat het materiaal niet door insecten wordt opgegeten.

Het Galanthus 'Flower Record Herbarium' geeft informatie over de cultivar, in de vorm van een gedroogde bloem, de naam van de cultivar, de naam van degene die de bloem verzamelde, de datum waarop dat gebeurde, de locatie en de herkomst.

Het is de bedoeling dat het herbarium elk jaar wordt aangevuld en dat de lijst van de in 2009 verzamelde exemplaren elke paar jaar uitgebreid wordt en opnieuw uitgegeven.

De dozen met herbariumexemplaren stonden in de auto om naar Leiden vervoerd te worden. Na een tijdje vulde de auto zich met een zoete honinggeur waaruit bleek dat zelfs gedroogde sneeuwklokjes geuren.

De tekening op de bloemen blijft na het drogen goed zichtbaar en in tegenstelling tot foto's of tekeningen kun je van de gedroogde exemplaren wel bepalen of de sneeuwklokjes diploïde, triploïde of tetraploïde zijn. Het genetische materiaal blijft bewaard. Dit biedt ook later mogelijkheden om er meer over te weten te komen.

Wat tegenwoordig wel gebeurt, is het even opkoken van het gedroogde herbariummateriaal, zodat het weer soepel wordt. Een botanisch tekenaar kan dan precies zien hoe de plant is opgebouwd en er, vaak met behulp van een stereomicroscoop, een tekening van maken. Daarna kan de plant opnieuw gedroogd en bewaard worden.

Binnen alle beperkingen zal later misschien toch blijken dat dit 'Flower Record Herbarium' meer waarde heeft dan eerst gedacht werd, al is het alleen maar dat mensen over een paar honderd jaar weten welke sneeuwklokjes er nu allemaal waren. Het was en is in elk geval bijzonder om eraan te werken, de sneeuwklokjes te verzamelen, te drogen, informatie erover in te winnen en last but not least ze met de juiste informatie op te plakken en veilig in het Nationaal Herbarium te bewaren, voor de eeuwigheid.

40

Herbarium

● ● ● ● ● **Flower Record – pressed flowers emit a scent – University of Leiden**

This has got absolutely no botanical value whatsoever – you cannot just press the flower, you have to preserve the entire plant, including a leaf and the bulb.

The above is a quote from John Grimshaw, renowned botanist and bulb expert. Naturally, he is right. 'But John, it is already difficult enough to obtain permission to pick the flower from a precious snowdrop in order to photograph it and then press it. A leaf as well, and a bulb too – that's never going to happen.' Alan Street had the answer: just call it a 'Flower Record'.

The Galanthus 'Flower Record Herbarium' currently numbers over 200 snowdrop cultivars. Wim Snoeijer carefully and professionally stuck them onto sheets of paper, listing any relevant details alongside the flowers, and they are now safely housed at the 'Nationaal Herbarium Nederland (NHN)' of the Leiden University Branch. The herbarium specimens are stored in boxes, arranged in alphabetical order of cultivar, having first been frozen so that the material is not destroyed by insects.

The Galanthus 'Flower Record Herbarium' provides the following information about the cultivar: a pressed flower, the name of the cultivar, details of when and where the flower was collected, the name of the person who picked it, and the flower's origin. The intention is to add to the herbarium every year, with the current list of specimens collected in 2009 being updated and re-published every couple of years.

The boxes of herbarium specimens had been loaded into the car, which was standing ready to transport them to Leiden.

After a short time, the car was filled with the sweet scent of honey – it appears that even pressed snowdrops emit a scent. Any marks on the flowers remain clearly visible even after pressing. It is not possible to tell from photographs or drawings whether snowdrops are diploid, triploid or tetraploid, whereas it is possible to determine that on pressed specimens. The genetic material is preserved – this opens up interesting possibilities to learn more about them in the future. What does tend to happen nowadays is that the pressed herbarium material is boiled so that it becomes supple again. A botanical artist can explore the essence of a plant's form and, often using a stereo microscope, can make a detailed drawing of it. The plant can then be pressed once again and stored. Despite all its limitations, the 'Flower Record Herbarium' may well prove to be more valuable than was first thought, even if it is only that, a couple of hundred years from now, people will be able to see just how many different kinds of snowdrops there used to be. In any case, it was – and is – a unique project to be involved in: collecting the snowdrops, pressing them, researching them and, last but not least, listing the right information alongside them before storing them safely in the Nationaal Herbarium – for eternity.

41

'Greenfinch'

'Lowick'

Gala's, shows, lunches en reizen

●●●●● RHS London Show – Galanthus Gala – vermoeide kastelen

In Engeland is het allemaal begonnen. In een tijd dat de Nederlandse bollenkwekers afwijkende exemplaren in de berm gooiden, werden ze daar al in de tuinen gekoesterd, juist omdat ze anders waren.

De 'galanthomania' begon in Engeland al rond 1870 en in 1891 werd daar de eerste Snowdrop Conference gehouden door de Royal Horticultural Society. Nog elk jaar in februari vindt de RHS London Show plaats en altijd zijn de sneeuwklokjes goed vertegenwoordigd. Het is een bijzondere ervaring om midden in Londen hartje winter een hal binnen te gaan en daar overweldigd te worden door de honingzoete geur van de sneeuwklokjes. Deze RHS Show is een must voor elke galanthofiel die bijzondere cultivars hoopt te ontdekken.

Februari is een drukke maand, want dan vinden ook de Galanthus Gala's plaats die Joe Sharman sinds 1997 elk jaar organiseert. De gala's worden bezocht door honderden mensen, beroemdheden geven lezingen en kwekers verkopen bijzondere exemplaren. In Edinburgh wordt om het jaar de Snowdrop Conference georganiseerd, in Nederland vindt al sinds 2001 het Sneeuwklokjesfeest plaats bij De Boschhoeve in Wolfheze en sinds een paar jaar is er een happening bij de Zaanse Schans. België heeft de sneeuwklokjesdagen bij Arboretum Kalmthout en in Vordenstein en in Duitsland in Nettetal bij de Oirlicher Blumengarten, en er komen steeds meer van dergelijke manifestaties. Al deze manifestaties zijn voor het gewone publiek te bezoeken. Dat was vroeger anders; toen

▼

Galas, shows, lunches and travel

● ● ● ● ● RHS London Show – Galanthus Gala – a busman's holiday

It all started in England. There, unusual-looking snowdrops were being tended in gardens, cherished for being different, at a time when Dutch bulb growers were still tossing them aside. 'Snowdropmania' in England began around 1870, with the Royal Horticultural Society organising its first Snowdrop Conference there in 1891. To this day, the RHS London Show is held every February and still features a strong showing of snowdrops. Being overwhelmed by their sweet smell of honey as you walk into a hall in the heart of London – in the middle of winter – is a truly unique experience. The RHS Show is a must for any galanthophile who is keen to discover rare cultivars.

February is a busy month. Firstly, there are the Galanthus Galas, which Joe Sharman has been organising annually since 1997. These galas are attended by hundreds of people, with celebrities from the snowdrop world giving talks and breeders selling unusual specimens. Meanwhile, the city of Edinburgh plays host to the Snowdrop Conference every other year. In the Netherlands, the 'Sneeuwklokjesfeest', held at De Boschhoeve in Wolfheze, has been an annual fixture in the calendar since 2001, and a new show was launched at the

▼ 43

44

werden er 'snowdroplunches' gehouden waar je voor gevraagd moest worden. Je werd alleen gevraagd als je iets voorstelde in de sneeuwklokjeswereld en ook iets te bieden had in de vorm van een speciaal sneeuwklokje. De bedoeling van de Gala's is om de kennis van de snowdroplunches onder het grote publiek te verspreiden

In februari hebben de galanthofielen het dus druk, er moeten zo veel mogelijk manifestaties en tuinen bezocht worden en elk jaar (sinds 2004) is het weer een feestje om vanuit Neder-land met een bus vol naar Engeland, Wales of Schotland op reis te gaan naar de mooiste sneeuw(klokjes).

Wat heb je ons laten zien
vermoeide kastelen
zwijgende bomen tussen
de lui liggende lange heuvels
eindeloos, tot je in de plooien van
het landschap
de klokjes ziet die geen kleur hebben,
de sneeuw vervangen en
met hun vorm, volmaakt alles
weer laten zien, d.w.z. de wereld is in orde
Dat heb je ons laten zien

Jan Wartena, Sneeuwklokjesreis Schotland 2005

45

Zaanse Schans a few years ago. Belgium has its own snowdrop days at Arboretum Kalmthout and in Vordenstein, in Germany they are held in Nettetal at the 'Oirlichrer Blumengarten', and similar new gatherings seem to be popping up all the time. While events nowadays are open to the general public, that was not always the case – the 'snowdrop lunches' of yesteryear were invitation-only occasions. You were only welcome if you had some clout in the snowdrops world and preferably brought something to the party in the shape of an unusual specimen. The galas were started to get the information from the lunches to a wider audience.

There is no denying that February is a hectic time for snowdrop-lovers – there are so many events and garden open days to choose from. For a Dutch galanthophile, boarding a coach full of like-minded souls for the annual trip (organised since 2004) to admire the most beautiful snowdrops in a wintry England, Scotland or Wales is one of the highlights of the year.

A fascinating holiday from the task
of replanting clumps of snowdrops.
A busman's holiday.
Most interesting to see
the Dutch farmer's approach
to commercial snowdrop growing
on a scale unlike anything
we have in England

Colin Mason, Dutch Snowdrop tour 2008

Etiketten

● ● ● ● ● ● Op naam – leesbaar – plattegrond

Het is van het grootste belang een verzameling goed op naam te houden. En dat doe je met etiketten. De strijd van een verzamelaar met zijn etiketten is er een met een lange geschiedenis.

Een etiket moet je kunnen lezen, liefst zonder ervoor op je knieën te gaan zitten. Een etiket moet lange tijd leesbaar blijven. Het etiket moet kloppen, de naam moet goed gespeld zijn en passen bij het sneeuwklokje. Soms worden de namen vervangen door nummers, vooral op open dagen en in botanische tuinen. Dat is niet voor niets, een etiket met een naam van een zeldzaam sneeuwklokje noodt uit tot meenemen.

46

Een sneeuwklokje is niet zomaar

een sneeuwklokje

Etiketten overal,

het lijkt wel een begraafplaats en geen

sneeuwklokje te zien

Lastig als je niet van plan bent om ze mee te nemen, maar wel foto's ervan wilt maken. Denk je een bijzonder sneeuwklokje ontdekt te hebben met de naam 'Queen of Spain', blijkt dat een etiket van een narcis te zijn.

De echte verzamelaars tekenen een plattegrond van hun tuin zodat ze, als er etiketten verloren gaan, toch nog weten waar wat staat. De eerste 200 sneeuwklokjes zijn nog wel te herkennen, de tweede 200 zijn al moeilijker.
In sneeuwklokjestuinen liggen de verhalen voor het oprapen en soms heeft de eigenaar ze al voor je opgeschreven.

Labels

● ● ● ● ● **Grouped by name – legible – plan of the garden**

Since it is essential to have any collection grouped by name, labels are virtually inevitable. It is the age-old story of the battle between a collector and his labels. A label should be easy to read, preferably without having to get down on your knees to do so. A label also needs to remain legible for some considerable time. The information on the label should be correct – the name should be spelt properly and apply to the snowdrop in question. Names are sometimes replaced by numbers, especially on open days and in botanical gardens, and for good reason – to some people, a label displaying the name of an unusual snowdrop can prove too hard to resist. Numbers may make it difficult for potential thieves, but also for snowdroplovers who just want to photograph them. After eagerly track-

A snowdrop is not just a snowdrop

I am sure you have all got the graveyard syndrome, haven't you of having labels dotted round the garden

ing down the plant with the number corresponding to the name 'Queen of Spain', what you expected to be a rare snowdrop turns out to be a daffodil.

Die-hard collectors draw a plan of their garden so that they still know what is growing where, should any of the labels go missing. While the first 200 or so snowdrops may be easily recognisable, it can be somewhat harder to identify the next 200.

47

The snowdrop gardens have many a story to tell, and sometimes the owners have even committed their anecdotes for you.

Vijvermandjes niet of wel?

●●●●● Forumdiscussies – rond of vierkant – wandelende sneeuwklokjes

Er wordt heel wat afgediscussieerd over sneeuwklokjes op het Galanthus Forum van de Scottish Rock Garden Club. De ene goede raad buitelt over de andere heen. Waar de een enthousiast over is, wijst de ander resoluut van de hand. Ook worden foto's van de nieuwste sneeuwklokjes getoond. Opvallend is dat de berichtjes kort zijn en dat er snel wordt gereageerd, alsof het een pingpongwedstrijd is.

48

Een keer ging de discussie over het al dan niet gebruiken van vijvermandjes. Tegelijk met het 'houden' van bijzondere sneeuwklokjes deden de vijvermandjes hun intrede. In beginsel waren deze mandjes slechts bedoeld om vijverplanten in te zetten en de planten dan met mand en al in de vijver te laten zakken. In deze plastic potten met gaatjes aan zij- en onderkant kan het water er vrij doordringen en kunnen de wortels de mand uit groeien, terwijl de plant zelf er verplicht in blijft zitten.

Sneeuwklokjes zet je niet met mandje en al in de vijver, maar wel in de grond. Als je denkt dat je daarmee klaar bent, dan heb je het mis. Als iemand op het Forum klaagt dat zijn sneeuwklokjes het niet goed doen en niet van vijvermandjes houden, dan krijgt hij ervan langs: 'Dat ligt niet aan de sneeuwklokjes, maar aan jezelf, je moet ze elk jaar verpotten.'. Na wat heen en weer mailen blijkt dat ook eens per twee jaar te mogen. Daarna zijn de vijvermandjes zelf onderwerp van discussie: waar bestel je ze zo goedkoop mogelijk? Moeten ze rond of vierkant zijn? Iedereen vertelt hoe lang hij heeft moeten wachten

op zijn bestelling. En dan verschijnt er een stuk wat hout snijdt over sneeuwklokjes in vijvermandjes.

Het komt erop neer dat:

- sneeuwklokjes aan de wandel gaan en bij de buren op bezoek gaan, en als je ze op naam wilt houden, zijn vijvermandjes ideaal;
- je ze exact de juiste grondsoort kunt geven;
- het gemakkelijker is om de bollen 'op te graven' zonder ze te beschadigen;
- je ze kunt controleren of ze ergens last van hebben en op tijd maatregelen kunt nemen.

De schrijver hiervan zette al zijn nieuwe sneeuwklokjes meteen in vijvermandjes en was van plan alle sneeuwklokjes die hij rechtstreeks in de grond had geplant, ook langzamerhand naar de mandjes te verhuizen.

Discussie gesloten, volgende onderwerp.

> *En zoo schoon als het Sneeuwklokje daar buiten in de vrije natuur is, zo leelijk is het in een pot. Men kan het zien dat het daarin niet hoort; het is een kind der vrije natuur en dat moet het blijven. Trouwens het duldt geen gevangenschap; liever sterft het dan opgesloten eenige jaren te leven.*
>
> Tijdschrift *Eigen Haard* 3 maart 1900

Lattice pots – yes or no?

● ● ● ● ● Forum discussions – round or square – wandering snowdrops

The Scottish Rock Garden Club's Galanthus Forum facilitates much lively discussion about snowdrops, with online members almost falling over themselves to offer their advice. Differing points of view are shared and argued over on virtually any snowdrop-related topic, also photo's of he newest varieties are shared. The postings are invariably short and reactions follow each other in quick succession – more like a ping-pong game.

One discussion was about the use of lattice pots. Lattice pots were first spotted around the same time that it became popular to 'keep' unusual snowdrops. These pots were initially designed to hold pond plants, enabling the plants to be lowered into the pond, pot and all. The holes in the sides and base of these plastic pots allow free access for the water and the roots while the plant remains in place.

Instead of in a pond, you plant snowdrops, lattice pot and all, in the soil. But if you thought that was the end of it, you would be mistaken. When someone on the Galanthus Forum complained that his snowdrops were not thriving, putting it down to the fact that they must not like lattice pots, he was given short shrift: 'That is nothing to do with the snowdrops, it is your own fault – you need to re-pot them every year.' After several messages backwards and forwards, it emerged that re-potting once every two years was sufficient too. The discussion then moved on to the topic of lattice pots themselves: where could you order them at the best price? Should they be round or square? Everyone moaned about how long they had waited for their orders to arrive – and then, finally, a message appeared that actually contained some useful information about snowdrops in lattice pots.

In short, the posting advised that lattice pots are ideal for the following reasons:

- Snowdrops have a tendency to 'wander' and can end up in a neighbour's garden. Using lattice pots, you can keep them grouped in a certain way – by name, for instance;
- You can provide them with exactly the type of soil they need;
- It is easier to 'dig up' the bulb without damaging it;
- You can check them regularly for disease or ailments and take immediate action if necessary.

The author of this message had put his new snowdrops straight into lattice pots and intended to gradually transfer all his other snowdrops from the ground into pots too. And, with that, the discussion was closed and it was on to the next topic.

And the beauty of a snowdrop growing outside in its natural setting is matched only by the unsightliness of a snowdrop growing in a pot. One can see that it does not belong there; it is one of nature's free spirits, and should remain so. Incidentally, it does not tolerate imprisonment: it would rather die than endure years as a captive.

Magazine *Eigen Haard*, dated 3 March 1900

49

Fotograferende galanthofielen

● ● ● ● ● Fotograferen is een kunst. Niet alleen een kunst, maar ook een kwestie van hard werken. Zeker bij sneeuwklokjes. Je moet ervoor door de knieën (die vervolgens erg nat worden) wil je bloemetjes die je op de foto aankijken. Van boven af zijn alle sneeuwklokjes wit, van ver af zie je alleen witte watervallen. Als sneeuwklokjes bloeien is het koud en nat. Het regent of sneeuwt, je vingers zien blauw van de kou. Je hebt een zonnetje nodig zodat de bloemetjes opengaan en je onder de rokjes kunt kijken. Als al die fotograferende galanthofielen zichzelf eens konden zien!

50

Snap-happy galanthophiles

• • • • • Not only is photography an art form, it also involves a lot of hard work – especially where snowdrops are concerned. If you want a photo that does a snowdrop justice, you literally have to get down on your knees (which invariably become very wet). All snowdrops are white when viewed from above, and from a distance they create the effect of white waterfalls. When snowdrops are in bloom, it is cold and damp outside – it is often raining or even snowing, and your fingers turn blue with cold. You hope and pray for the sun to come out so that the flowers open and you can look beneath their skirts. If only all those snap-happy galanthophiles could see themselves...!

Ruby Baker

• • • • • Sneeuwklokjes doen het niet altijd goed in de tuin van Ruby Baker. 'Te veel kalk,' vertelt ze. Veel sneeuwklokjes heeft ze daarom in potten buiten rond het huis staan. Toen haar man David nog leefde, had ze een collectie van 568 aurikels, nu nog maar 6. Voor meer heeft ze nu geen tijd meer.

Ruby en David Baker maakten veel reizen om sneeuwklokjes in het wild te bekijken. Ze herinnert zich nog hun reizen naar Tsjechië. Meestal was het bitter koud en het was streng verboden om sneeuwklokjes te plukken, laat staan uit te graven. Maar ze hebben daar bijna alle varianten van *Galanthus nivalis* gezien die er maar bestonden. Zo zag voor hen de hemel eruit. Van over de hele wereld krijgt Ruby sneeuwklokjes toegestuurd en ze weet bij elk sneeuwklokje een verhaal. Ze is zeer goed op de hoogte van wat er speelt in de sneeuwklokjeswereld en schrijft hier regelmatig artikelen over.

Een paar sneeuwklokjes die David en Ruby ontdekt en benaamd hebben, zijn: **'Kildare'**, die ze in Ierland vonden en **'David Baker'**, die al jaren in hun eigen tuin bleek te staan, voordat die door iemand anders ontdekt werd. David viel een keer van zijn ladder precies op die pol sneeuwklokjes. Tot slot **'Faringdon Double'**, die ze vonden op een begraafplaatsje in Faringdon. Ze kregen toestemming een paar bolletjes uit te graven; een paar weken later was alles omgeploegd. Elk jaar helpt Ruby Baker Ronald Mackenzie met het twinscalen van sneeuwklokjes. 'Ik ben niet zo handig,' zegt ze en legt vervolgens feilloos uit hoe je het moet doen.

54

Als ik een sneeuwklokje mag kiezen, kies ik de gewone **Galanthus nivalis**, omdat het zo'n lief sneeuwklokje is dat overal zonder moeite groeit en je er voor je het weet een enorm wit tapijt van hebt. Als ik nog een tweede mag kiezen, dan is dat **'Blewbury Tart'**, omdat dit sneeuwklokje je aankijkt.

'David Baker'

Ruby Baker

• • • • • Snowdrops do not always thrive in Ruby Baker's garden. "Too much chalk," she says, which explains why she has many snowdrops in pots around the outside of the house. When her husband, David, was still alive, she had a collection of 568 auricula's – now she has only six. She doesn't have time for more, nowadays.

Ruby and David Baker went on many trips to see snowdrops in the wild. She remembers their trips to the Czech Republic well. It was usually bitterly cold, and it was strictly forbidden to pick the snowdrops, let alone to dig them up. But there they saw almost every variety of *Galanthus nivalis* that has ever existed. That was their idea of heaven.

Ruby gets sent snowdrops from all over Europe, and there is a story behind each and every one of them. She is fully up to date with the latest developments in the world of snowdrops, and regularly writes articles on the subject.

Just some of the snowdrops discovered and named by David and Ruby include **'Kildare'**, which they found in Ireland, and **'David Baker'**, which grew unnoticed in their own garden for many years until it was discovered by someone else. David once fell off his ladder and landed right on that clump of snowdrops. Another one is **'Faringdon Double'**, which they found in a cemetery in Faringdon. Fortunately they were given permission to dig up a few bulbs – a couple of weeks later the area had been cleared.

Each year, Ruby Baker helps Ronald Mackenzie with twin-scaling snowdrops. "I am not too handy," she says, as she then proceeds to explain precisely how to do it.

55

If I could only have one snowdrop,
I would choose the ordinary **Galanthus nivalis**, because it is such a dainty
snowdrop that grows anywhere without any
fuss – before you know it, you will
have a whole carpet of white.
If I could have a second one, it would be
'Blewbury Tart' because it looks one
straight in the face.

Michael Baron

●●●●● Michael Baron is collectiehouder van een van de zes sneeuwklokjes-collecties die Engeland telt en houdt zich al jarenlang bezig met sneeuwklokjes. Op een van de gala's hield hij een lezing over hun problemen en ziekten. Helaas geen onderwerp waar mensen graag over spreken. 'Toch krijgt elke sneeuw-klokjesverzamelaar er vroeg of laat mee te maken,' vertelt Michael. Problemen kunnen verschillende oorzaken hebben; de grond kan te droog of te zuur zijn, de pollen kunnen te compact zijn en infecties kunnen door toeval of nieuwe aan-winsten geïntroduceerd worden. Er moet meer geselecteerd worden op planten die het goed doen in de tuin in plaats van steeds maar weer klonen te benamen die heel weinig verschillen.

Ten aanzien van vermeerderen vertelt hij dat je niet een chip steeds opnieuw moet chippen. Hij bedoelt hiermee dat een sneeuwklokje dat vermeerderd is door chippen, eerst twee of drie jaar in de tuin moet groeien voor het weer gechipt kan worden. Het is ook bewezen dat virussen verspreid kunnen worden als het chippen niet uiterst hygiënisch gebeurt.

Toch is Michael geen pessimistische man. Hij geniet van zijn sneeuwklokjes en heeft er ook een aantal geselecteerd en benaamd. 'Deze heb je vast nog niet gezien,' zegt hij, 'dat is **'Lulu'**.' Verder selecteerde hij: **'Rose Baron'**, **'Rose Lloyd'**, **'Headbourne'** en **'Springvale'**. De naam Headbourne doet eerder aan *Agapanthus* denken dan aan sneeuwklokjes. 'Dat klopt,' zegt Michael. 'Ik kende Lewis Palmer goed. Hij vroeg me vijftig jaar geleden of ik van sneeuwklokjes hield. In die tijd was ik er nog helemaal niet in geïnteresseerd en toen ik zei dat ik er niets aan vond, was hij bijzonder beledigd.' Jaren later, toen Lewis Palmer allang overleden was, kreeg hij uit de oude tuin van Lewis Palmer in Headbourne, bij Winchester, massa's sneeuwklokjes die geen van alle een naam hadden. Uit deze sneeuwklok-jes selecteerde hij **'Headbourne'** en deze sneeuwklokjes vormden de basis van zijn Nationale Collectie.

56

'Lulu'

Er bestaat ook nog een tuin nadat het sneeuwklokjesseizoen voorbij is

Michael Baron

• • • • • Michael Baron is national collection holder of one of England's six snowdrop collections and has been involved with snowdrops for many years. At one of the galas, he gave a talk about their problems and diseases. Unfortunately these are not topics which people like to discuss. "But every snowdrop collector is faced with them at some point," says Michael. Problems can arise from many causes; soil may be too dry or too acid, groups may become too crowded and infections come in by chance or with new acquisitions. There should be more focus on selecting plants which thrive in the garden rather than endlessly naming clones which show only tiny differences.

In terms of propagation, he says that you should not "chip a chip". By this, he means that a snowdrop that has been propagated by chipping should first be given a chance to settle down in the garden for two or three years before it is chipped again. There is also some evidence that careless hygiene when chipping may result in the spread of virus diseases.

However, Michael is not a pessimistic man. He enjoys his snowdrops, and he has also selected and named several. "I bet you have never seen this one before," he says, "This is '**Lulu**'." He also selected '**Rose Baron**', '**Rose Lloyd**', '**Headbourne**' and '**Springvale**'. The name Headbourne might seem more fitting for *Agapanthus* than for snowdrops. "That's right," agrees Michael. "I knew Lewis Palmer very well. He asked me fifty years ago if I liked snowdrops. I was not in the slightest bit interested in them at that time, so I told him so, and he was quite angry." Later, many years after Lewis Palmer had died, he obtained hundreds of snowdrops from Lewis Palmer's old garden at Headbourne, near Winchester. None of which had names. Out of these snowdrops, he selected '**Headbourne**'. These acquisitions formed a basis from which the National Collection grew.

The garden still exists beyond the snowdrop season

57

Martin Baxendale

● ● ● ● ● Je moet maar het lef hebben om een roman te schrijven over sneeuwklokjes. Martin Baxendale had dat lef en schreef *The Snowdrop Garden*. Hij noemt het een romantische komedie die semi-autobiografisch is. Het gaat over iemand die sneeuwklokjes verzamelt, schrijver is en cartoons tekent. Martin is van beroep schrijver, tekenaar en cartoonist. Een paar jaar geleden bedacht hij om iets serieuzer te gaan schrijven, maar het moest wel grappig zijn want met humor verdient hij zijn geld.

Wat heeft een grappenmaker van beroep met sneeuwklokjes te maken? 'Toen ik jong was, huurden mijn ouders een huis dat *Hambutt's Orchard* heette. In de tuin van dat huis vond tuinman Herbert Ransom een dubbel sneeuwklokje dat de naam **'Hambutt's Orchard'** kreeg. Ransom was de tuinman van Brigadier en Mrs Mathias, bekend van de Giant Snowdrop Company. Zij gaven mijn vader heel veel sneeuwklokjes en als teenager was ik al zo in sneeuwklokjes geïnteresseerd dat ik ze verzamelde.' Leo Baxendale, Martins vader, ontdekte een laatbloeiend sneeuwklokje, dat hij aan zijn vriend Philip Ballard gaf. Die verspreidde het later als **'Baxendale's Late'**. Martin Baxendale heeft zijn liefde voor sneeuwklokjes dus van niemand vreemd.

Martin is al jaren bezig met het kruisen van sneeuwklokjes met als doel het kweken van grote, sterke tetraploïde sneeuwklokjes. 'Ik ken maar één tetraploïde sneeuwklokje,' vertelt hij 'en dat is **'Mrs Mc-Namara'**.' Hij houdt niet van excentrieke sneeuwklokjes; ze moeten sterk en stevig zijn en vooral geuren. Elk jaar zaait hij honderden sneeuwklokjes, waarvan hij er maar een paar uitkiest als de beste. Hier gaat hij mee verder en de rest gooit hij weg. Het allermooiste sneeuwklokje vindt hij **'Bertram Anderson'** en die gebruikt hij dan ook veel in zijn kruisingen.

'Bertram Anderson'

Het wordt tijd dat er sneeuwklokjes op de markt komen die gezond zijn en het zou verboden moeten zijn om oude, ongezonde cultivars met veel kunst- en vliegwerk in stand te houden

Martin Baxendale

• • • • • It takes considerable guts to write a novel about snowdrops. Martin Baxendale threw caution to the wind and produced *The Snowdrop Garden*, which he describes as a semi-autobiographical romantic comedy. It is about someone who collects snowdrops, writes and draws cartoons – Martin is a writer, artist and cartoonist. A few years ago, he decided he wanted to write something more serious, although it would have to be amusing too, in view of his humorous background. How did someone who makes his living from being funny get involved with snowdrops? "When I was younger, my parents rented a house called *Hambutt's Orchard*. The gardener, Herbert Ransom, discovered a double snowdrop in the garden, which was later named **'Hambutt's Orchard'**. Ransom worked as gardener for Brigadier and Mrs. Mathias who ran the Giant Snowdrop Company. They gave many, many snowdrops to my father and, by the time I became a teenager, I had already developed such an interest in snowdrops that I started collecting them myself." Leo Baxendale, Martin's father, discovered a late-flowering snowdrop, which he gave to his friend Philip Ballard, who later distributed it as **'Baxendale's Late'**. It is hardly surprising, then, that Martin Baxendale became such a snowdrop-lover.

Martin has been working on a snowdrop breeding programme for years, with the aim of developing large, robust tetraploid snowdrops. "I am only aware of one tetraploid snowdrop," he explains, "and that is **'Mrs McNamara'**." He is not keen on very eccentric snowdrops – he likes them to be big and strong, and scent is important too. Every year, he grows hundreds of snowdrops from seed, selecting just a handful of the best ones to proceed with and discarding the rest. His absolute favourite snowdrop is **'Bertram Anderson'**, which he uses a lot to create hybrids.

59

It is about time that we saw some snowdrops with better natural disease resistance – we need a new generation of strong, healthy plants. There should be a law against using all manner of tricks to keep old, unhealthy cultivars going.

Ruben Billiet

●●●●● Vanaf zijn veertiende jaar is Ruben al bezig met planten. Hij begon met het zaaien van 'stinkers' (afrikaantjes) en daarna een groentetuin. Weer een paar jaar later plantte hij Gentse azalea's, daarna kwamen de vaste planten en een jaar of zes geleden de sneeuwklokjes. Hij kreeg alle ruimte om thuis de tuin te beplanten. Nu, ruim tien jaar later, is de tuin echt te klein geworden voor al zijn verzamelingen. Niet alleen van sneeuwklokjes, maar ook van *Trycirtus*, *Roscoea*, *Phlox*, *Hemerocallis* en *Thalictrum*. Hij wil op zichzelf gaan wonen en een van de eisen is dat zijn tuin een stuk groter moet zijn.

Of hij een tuinbouwopleiding heeft gedaan? Daar had hij geen zin in. 'Ik vind het geweldig om me in planten te specialiseren,' zegt hij, 'maar als je die opleiding doet betekent het vaak dat je uiteindelijk hele dagen hagen staat te snoeien en dat vind ik niks.' Zijn beroep is 'spoedbroeder' in een ziekenhuis.

Ruben heeft zijn sneeuwklokjes keurig geëtiketteerd. Behalve de naam heeft hij op het etiket ook de bron vermeld waar de plant vandaan komt. 'Ik heb nog niet zulke grote pollen,' vertelt hij, 'dat komt omdat ik veel ruil. Op die manier kom ik aan nieuwe sneeuwklokjes. Bijzondere sneeuwklokjes zijn zo duur, dat is niet leuk meer.' Zelf gaat hij ook op zoek naar nieuwe sneeuwklokjes, vooral in Noord-Frankrijk. Dat is voor hem maar een halfuurtje rijden. Zijn nieuwe vondsten en zijn eigen zaailingen bekijkt hij eerst een paar jaar voordat hij ermee verdergaat. **'Iseghem'** is een van zijn benaamde sneeuwklokjes, genoemd naar de plaats waar hij woont, maar dan volgens de oude schrijfwijze. Zijn bedoeling is om uit zijn hele collectie alleen de mooiste en beste te houden en daar mooie pollen van te kweken. Meer dan 200 zullen het er niet worden.

60

Sneeuwklokjes verlengen het seizoen aanzienlijk. Het zijn zulke tere bloempjes, die zo vroeg in het jaar komen. Dan moet ik uit mijn zetel komen en naar buiten de kou in.

Ruben Billiet

● ● ● ● ● Ruben has been interested in plants since he was fourteen. He started out growing marigolds and progressed onto a vegetable patch. A few years later, he planted Ghent azaleas, then moved on to perennials and finally got into snowdrops around six years ago. At home, he was allowed to plant whatever he liked in the garden. Nowadays, some ten years later, there is no doubt that the garden is too small to hold all his collections, since he collects not only snowdrops but also *Trycirtus*, *Roscoea*, *Phlox*, *Hemerocallis* and *Thalictrum*. He is looking for a place of his own, and one of the key criteria is that the garden needs to be significantly larger. When asked whether he attended horticultural college, he explains that he did not want to. "I love knowing a lot about plants," he says, "but when you go to college and you graduate, it often means that you end up spending a whole day trimming a hedge, instead of working with plants." He works at a hospital as a male nurse.

Ruben has carefully labelled all his snowdrops. In addition to the name, each label also shows where the snowdrop came from. "I do not have very large clumps," he explains, "because I tend to swap a lot. That is the best way for me to acquire new snowdrops. Unusual snowdrops are so expensive nowadays, it's no fun anymore." He also goes out looking for new snowdrops, especially in Northern France, which is just a thirty-minute drive from where he lives. He keeps an eye on any new discoveries and his own seedlings for a couple of years before taking things any further with them. **'Iseghem'** is one of the snowdrops he has named, which is the old spelling of the name of the town he lives in. He plans to keep only the most beautiful and the best out of his collection – 200 at the most – and to cultivate nice clumps from them.

'Iseghem'

Snowdrops succeed in extending the season considerably. The ones that flower so early in the year are such delicate flowers. I cannot resist leaving my arm chair and going outside into the cold.

Matt Bishop

● ● ● ● ● ●   Matt geeft verzamelaars van sneeuwklokjes altijd het advies om de bolletjes van een cultivar één voor één te planten en 30 cm uit elkaar. Zet ze ook vooral aan de voet van bladverliezende heesters, zodat de bolletjes in de zomer niet te nat worden en minder gevoelig zijn voor de schimmelziekte *Stagonospora*, door kenners afgekort als 'stag'. Ook raadt hij aan dichte pollen regelmatig te splitsen en niet te veel cultivars in een kleine tuin bij elkaar te zetten. Werk schoon en ontsmet je gereedschap. Zet geen amaryllisbollen in je tuin, want zij brengen ziektes over, en ook geen narcissen. Als je een 'verdacht' sneeuwklokje ziet, verwijder het dan met omringende grond. Geef van je zeldzame bollen een paar weg aan vrienden. Als jouw kostbare bol doodgaat, dan hebben zij hem nog staan.

Hij vindt het een beetje onzin dat ze hem de 'Snowdrop King' noemen. 'Ik ken echt niet elk sneeuwklokje,' vertelt de schrijver van de sneeuwklokjesbijbel *Snowdrops*, die hij samen met Aaron Davis en John Grimshaw schreef. 'Het fijne van het boek is dat ik een slecht geheugen heb en dat ik het nu in het boek kan opzoeken.' Maar Matt heeft deze reputatie niet voor niets verdiend. Hij weet ongelooflijk veel van sneeuwklokjes en reist al jaren heel Engeland en andere landen door om sneeuwklokjes te bekijken, te fotograferen en te documenteren. Uiteraard heeft hij zelf ook een grote verzameling. Hoeveel precies weet hij niet en dat maakt hem ook niet uit.

De sneeuwklokjes die tegenwoordig benaamd worden, moeten heel wat beter zijn dan die tien tot vijftien jaar geleden benaamd werden. 'Ik kom altijd spannende tegen; die geef ik dan aan vrienden die ik vertrouw en zij bekijken ze gedurende twee tot drie jaar om te zien of het goede tuinplanten zijn. Maar dan nog benaam ik er maar weinig. Mijn allernieuwste sneeuwklokje is een prachtige elwesii met groene punten, maar die heeft nog geen naam.'

62

Zet sneeuwklokjes tussen andere planten en bouw een verzameling langzaam op. Dan heb je de minste kans op ziekten.

Matt Bishop

• • • • • Matt always advises snowdrop collectors to plant single bulbs of any variety, and at a distance of 30 cm apart. They should be planted around the base of deciduous shrubs, which will prevent the soil from becoming too wet during the summer and hence reduce the risk of the fungal disease *Stagonospora* (sometimes shortened to 'stag'). He also advises dividing congested clumps regularly and growing fewer cultivars in smaller gardens. Make sure that garden tools are well cleaned. Do not plant amaryllis bulbs in the garden, nor daffodils, since they can transmit diseases. Remove any 'suspect' snowdrops along with the soil immediately around them. Donate some of your rare bulbs to friends – all is not lost if your precious bulb fails, since they still have some.

He finds it somewhat extreme that he is called the 'Snowdrop King'. "I really do not know every snowdrop," explains the co-author of *Snowdrops*, which he wrote together with Aaron Davis and John Grimshaw and which is generally regarded to be the 'definitive guide'. "My memory is useless, and the great thing about that book is that I can now just look everything up." But despite his light-hearted remark, Matt's reputation is by no means unfounded. He knows an enormous amount about snowdrops and has been travelling through England and other countries for many years, admiring, photographing and documenting snowdrops. Naturally, he has a significant personal collection, although he does not know – nor is he interested in – precisely how many he has.

The genus has evolved, and the snowdrops that are named today have to be a great deal better than those named 10 or 15 years ago. "I am always finding new snowdrops. I give them to a friend I trust, who grows them for 2 or 3 years to see if they are good garden plants. If so, it may be a case of naming them – although I name very few. My newest snowdrop is a magnificent elwesii with green tips, but I haven't named it yet."

Do not be tempted to grow too many
snowdrops too soon, and put a lot of space between them
– this reduces the risk of diseases

Cees Breed

• • • • • • 'In Engeland waren in die tijd gespecialiseerde kwekers en ik bestelde de sneeuwklokjes uit hun catalogi. Toen kocht je ze voor één, twee pond per bolletje. Voor diezelfde sneeuwklokjes betaal je nu vijf of zes pond.' Cees Breed heeft nu een stuk of vijftig, zestig verschillende. Veel meer hoeft hij er niet. Zijn sneeuwklokjes vermeerderen zichzelf. Met parteren kan er van alles misgaan. Benamen van nieuwe sneeuwklokjes doet hij niet, dat laat hij aan anderen over. Sneeuwklokjes zijn niet de enige bollen die hij achter zijn huis in Noordwijkerhout kweekt. Bij de keuringszaal in Lisse kennen ze hem goed. Hij stuurt elke maandag wel iets bijzonders in, want hij kweekt 5.000 verschillende en bijzondere bolgewassen. Puur voor zijn plezier. 'Zorg bij sneeuwklokjes wel voor verse grond,' waarschuwt hij, 'anders kan er botrytis in komen en dan ben je ze kwijt.'
De allermooiste? **'S. Arnott'** vindt hij de mooiste en de beste groeier. Je bent bollenkweker of niet.

Vijftien jaar geleden had je in Nederland alleen enkele en dubbele nivalis en een paar 'Viridapice'

64

'S. Arnott'

Cees Breed

• • • • • "There were already specialised growers in England in those days, and I used to order the snowdrops out of their catalogues. Back then, you could buy them for one or two pounds per bulb. Nowadays, the same snowdrops cost you five or six pounds." Today, Cees Breed has between fifty and sixty different ones. That is more or less enough – his snowdrops propagate themselves. All sorts of things can go wrong with chipping. He does not name new snowdrops, either – he leaves that to other people.

Snowdrops are not the only bulbs he cultivates in the back garden of his house in Noordwijkerhout. They know him well in the Trial Room in Lisse. Since he grows 5,000 different and unusual bulbs – just for fun – he is able to submit something special every Monday. "Make sure snowdrops have fresh soil," he cautions, "otherwise *Botrytis* can set in, and then you lose them." His favourite? He finds **'S. Arnott'** the most beautiful and the strongest. Spoken like a true bulb grower.

The only snowdrops you had in the Netherlands fifteen years ago were single and double nivalis and a couple of 'Viridapice'

David Bromley

● ● ● ● ● David Bromley, de collectiehouder van de NCCPG *Galanthus*, kreeg zijn eerste sneeuwklokjes van Margery Fish: **'Scharlockii'**, *Galanthus* x *allenii*, **'Hill Poë'** en **'S. Arnott'**. Na het lezen van haar boek *A Flower for Everyday* was hij zo onder de indruk van het hoofdstuk over februari dat hij op zoek ging naar een paar sneeuwklokjes. David is een zorgzame man, die van zijn sneeuwklokjes houdt alsof het zijn kinderen zijn. Zijn tuin ziet er fantastisch uit. De sneeuwklokjes groeien op een natuurlijke manier tussen andere planten en hebben het duidelijk naar hun zin.

Het is onvoorstelbaar dat hij elk sneeuwklokje bij naam kent en ook nog weet wanneer hij het geplant heeft en van wie het afkomstig is. De nieuwe sneeuwklokjes schrijft hij op zijn lijst erbij, maar de sneeuwklokjes die verdwijnen, streept hij niet door. Nu is hij bij nummer 623. Iedereen zegt altijd dat je de uitgebloeide bloemen moet verwijderen, zodat ze geen zaad zetten maar hij raadt dat juist af. Als je het zaad eraan laat, heb je kans op nieuwe sneeuwklokjes.

David heeft een bescheiden aantal sneeuwklokjes benaamd en alleen die uit eigen tuin. Zo heeft hij een sneeuwklokje naar zijn zus **'Louise Ann Bromley'** genoemd en pas nog ontdekte Joe Sharman een mooi sneeuwklokje met een groene tekening op de buitenste bloemblaadjes. Die heeft hij **'Joe Spotted'** genoemd.

Hij koopt zelden sneeuwklokjes, meestal ruilt hij ze. Hij doet niets met computers en dus ook niet met eBay. Heel af en toe verkoopt hij wel eens een sneeuwklokje. Hij vindt het geen goede combinatie om een sneeuwklokjesverzameling te hebben en dan ook nog te verkopen. Geld gaat dan een rol spelen, je wordt hebberig en gaat er steeds meer verkopen. Hij maakt zich zorgen waar het naartoe gaat met al die nieuwe cultivars.

66

Liefde is het grote geheim.
Toen ik 'Cowhouse Green' plantte gaf
ik elk bolletje een kus.
Houd van de sneeuwklokjes en
niet van het grote geld.

David Bromley

●●●●● David Bromley, holder of the NCCPG national collection of *Galanthus*, received his first snowdrops from Margery Fish: '**Scharlockii**', *Galanthus* x *allenii*, '**Hill Poë**' and '**S. Arnott**'. He found the chapter about February in her book *A Flower for Everyday* so inspiring that he went out hunting for snowdrops. An urbane man, David loves his snowdrops as if they were his children. His garden looks fantastic. The snowdrops grow naturally among other plants, clearly thriving.

Amazingly, he knows each snowdrop by name as well as when he planted it and even who it came from. He catalogues them by number and name, adding new ones but not deleting the ones that disappear. He is currently on number 623. People always say to dead-head snowdrops so that they do not seed, but David advises against it – he believes that leaving the seeds on increases the chance of new ones.

David has named a modest number of new snowdrops, all of them created in his own garden. He named one of them after his sister, '**Louise Ann Bromley**', and Joe Sharman only recently discovered a pretty snowdrop with green on the outer segments in David's garden. He named that one '**Joe Spotted**'.

He very rarely buys snowdrops, preferring to swap them. He is not very handy with computers, so does not visit eBay. He sells the odd snowdrop occasionally. However, he does not feel that owning a snowdrop collection and selling snowdrops go well together – he believes that this increases the risk of money becoming the overriding factor, greed taking over and people just selling more and more. He expresses his concerns about the increasing number of new cultivars and where will it all end?

Love is the secret. When I planted 'Cowhouse Green', I gave each of the bulbs a kiss. Do it for the love of the snowdrops, not for the love of money.

'Louise Ann Bromley'

Mark Brown

• • • • • Mark woonde rond 1980 nog in Engeland en is toen al begonnen met het verzamelen van sneeuwklokjes. Hij kreeg er verschillende van de beroemde Richard Nutt, die iedereen die echt geïnteresseerd was in sneeuwklokjes, op weg hielp. Toen waren er veel minder sneeuwklokjes en veel minder gespecialiseerde kwekerijen. Je kon streven naar een complete collectie. Dat kan nu allang niet meer en bovendien wil Mark ze ook niet allemaal hebben. Zijn collectie telt er nu ongeveer 400. Toen Colin Mason, Alan Street en Matt Bishop laatst bij hem waren, hebben ze veel geruild. Zij hadden bijzondere nieuwe sneeuwklokjes en Mark belooft dat zijn in Frankrijk gevonden sneeuwklokjes fantastisch zijn, als ze over drie jaar op de markt komen. In Frankrijk, waar hij nu woont, is het klimaat voor sneeuwklokjes uitstekend en de gewone 'just nivalis' sneeuwklokjes die hier in het wild groeien, zijn echt heel anders dan de Engelse. Als een sneeuwklokje een Franse naam heeft, kun je er bijna zeker van zijn dat het er een van Mark is. **'Ecusson d'Or'** bijvoorbeeld, een fantastisch sneeuwklokje met een goudgele tekening, of **'Flocon de Neige'**, een sneeuwklokje dat hij in Engeland vond – tot nu toe het duurste sneeuwklokje op internet. Waarom weet hij ook niet. Franse sneeuwklokjes zijn anders en

mensen hebben het erover. Hij wilde dit sneeuwklokje 'Snowflake' noemen, maar dat mocht niet van Matt (volgens de Cultivated Plant Code), omdat er al een plant bestaat met deze naam; *Leucojum vernum* wordt in Engeland Snowflake genoemd (in Nederland lenteklokje). Toen vertaalde hij de Engelse naam maar in het Frans; **'Flocon de Neige'** lijkt precies op een lenteklokje, omdat de bloem zes buitenste bloemblaadjes heeft.

Jammer als de sneeuwklokjes weer uitgebloeid zijn? 'Het laatste sneeuwklokje bloeit in mijn tuin eind april tot de eerste paar dagen in mei,' vertelt Mark 'en het eerste alweer midden oktober.' **'Rushmere Green'** was dit jaar het laatste.

Mark Brown

• • • • • Mark started collecting snowdrops around 1980, when he was still living in England. He received several different ones from the renowned Richard Nutt, who helped pretty much anyone who was really interested in snowdrops. At that time, there were far fewer snowdrops and far fewer specialist growers. You could still aim for a complete set. Those days are long gone and, in any case, Mark does not want them all. He currently has around 400 in his collection. When Colin Mason, Alan Street and Matt Bishop last visited him, there was a lot of swapping going on. They had several special, new snowdrops, and Mark promises that the snowdrops he found in France will be fantastic, when they are ready in three years' time. In France, where he now lives, the climate is perfect for snowdrops and the regular 'just nivalis' snowdrops that grow there in the wild really are quite distinct and different from the English ones.

If a snowdrop has a French name, you can be almost certain that it is one of Mark's. **'Ecusson d'Or'**, for example, which is a fantastic snowdrop with a golden marking, or **'Flocon de Neige'**, which is a snowdrop that he found in England – and currently the most expensive snowdrop ever seen on the internet. Even he is not sure why. French snowdrops are just different, and people talk about them. He wanted to call this snowdrop 'Snowflake', but Matt would not allow it (in line with the Cultivated Plant Code) because there was already a plant with that name: *Leucojum vernum* is called Snowflake in England. So he translated the English name into French. The **'Flocon de Neige'** looks just like a snowflake, because the flower has got six outer segments.

A tinge of sadness when the snowdrops have finished flowering? "The last snowdrop in my garden blooms at the end of April to very early May," says Mark, "and the next will be flowering in mid October." **'Rushmere Green'** was the latest this year.

69

You need very
sharp eyes to discover
new snowdrops

Ian Christie

● ● ● ● ● Dit was tien jaar geleden het begin van een spannend verhaal met Ian Christie in de hoofdrol. Deze Schotse kweker van alpiene planten had voor die tijd al een redelijke collectie sneeuwklokjes opgebouwd, maar naar aanleiding van deze ontdekking kwamen de Schotse sneeuwklokjes in een stroomversnelling terecht. Van de kasteeleigenaren kreeg hij toestemming om verder te zoeken in het bos. Deze zeldzame vondst bestond uit een bijzonder gevarieerde kolonie sneeuwklokjes, kruisingen tussen *Galanthus nivalis* en *Galanthus plicatus*. De grootvader van de tegenwoordige eigenaar was tijdens de Krimoorlog minister van Oorlog en hij nam waarschijnlijk de *Galanthus plicatus* uit de Krim mee. Op de meeste landgoederen staan alleen maar enkele of dubbele *Galanthus nivalis* en daar worden weinig bijzondere kruisingen gevonden. Staat er meer dan één soort, dan wordt het spannend.
Ian Christie selecteerde de meest bijzondere, die sterk afweken van reeds benaamde sneeuwklokjes. Deze sneeuwklokjes gaf hij namen van mensen of plaatsen die met Brechin Castle, eigendom van Lord en Lady Dalhousie, te maken hadden. Tot deze Castle Snowdrops behoren '**Green Dragon**', '**Lady Dalhousie**', '**Yvonne**', '**Little Emma**', '**Wee Bette**', '**Lady Alice**', '**Betty Hamilton**' en '**Mona**'.

Na deze wonderbaarlijke ontdekking in de bossen van Brechin Castle breidde Ian Christie (met volledige toestemming van de eigenaren) zijn zoektocht uit tot andere landgoederen, tuinen en bossen. Tijdens zijn zoektochten vond hij nog meer bijzondere sneeuwklokjes die het benamen waard waren: '**Annielle**', '**Eathiebeaton**' (Wee Grumpy), '**Kingennie**', '**Cinderella**' en '**Elizabeth Harrison**'. Voorlopig is Ian Christie nog lang niet uitgezocht en zorgt hij door zijn zoektochten en enthousiasme voor veel sneeuwklokjesplezier. Als je met hem door sneeuwklokjesbossen loopt, dan raak je net zo betoverd.

70

In een bos dat
bij het kasteel hoorde,
liep ik door de meest
fantastische kolonie van
Galanthus nivalis
en toen ontdekte ik tot
mijn grote vreugde
een kleine pol
Galanthus plicatus.
Ik kroop op mijn
knieën dichterbij en dacht
dat ik droomde toen ik
duizenden **Galanthus plicatus** naast de
Galanthus nivalis
zag staan.

'Little Emma'

Ian Christie

● ● ● ● ● This was the beginning of a wonderfully exciting story, ten years ago, with Ian Christie in the leading role. Prior to his discovery, this Scottish grower of alpine plants had already built up a reasonable collection of snowdrops, but his find represented a tremendous boost for the Scottish snowdrops. The owners of the estate gave him permission to explore the woodland further. He had discovered a very special variable colony of snowdrops, hybrids between *Galanthus nivalis* and *Galanthus plicatus*. The landowner's grandfather had been Minister of War in the Crimean War and he had most likely brought the *Galanthus plicatus* back with him from the Crimean Peninsula. On most country estates, only single or double *Galanthus nivalis* tend to grow, and very few unusual hybrids are found. If there is more than one variety, it starts to get interesting.

Ian Christie selected the most unusual ones, those which were the most distinct from snowdrops that had already been named. He gave these snowdrops the names of people or places linked to Brechin Castle, which was owned by Lord and Lady Dalhousie. These Castle Snowdrops include '**Green Dragon**', '**Lady Dalhousie**', '**Yvonne**', '**Little Emma**', '**Wee Bette**', '**Lady Alice**', '**Betty Hamilton**' and '**Mona**'. After this miraculous discovery in the woodlands of Brechin Castle, Ian Christie extended his search (with the owners' explicit permission in each case) to other country estates, gardens and woodlands. His expeditions resulted in more unusual snowdrops which were deemed worthy of naming, including '**Annielle**', '**Eathiebeaton**' (Wee Grumpy), '**Kingennie**', '**Cinderella**' and '**Elizabeth Harrison**'.

Ian Christie's search for new snowdrops is far from over, and his expeditions and his enthusiasm generate great excitement among snowdrop-lovers. If you join him on a walk through snowdrop woods, you cannot fail to be captivated.

71

In an open deciduous woodland, where I strolled amongst a fantastic colony of **Galanthus nivalis**, imagine my delight when I spotted a small clump of **Galanthus plicatus**. Getting down on my hands and knees to worship this find, I almost thought it was a dream when I saw thousands of **Galanthus plicatus** growing alongside the **Galanthus nivalis**.

Phil Cornish

• • • • • 'In 1972 ben ik begonnen met het verzamelen van sneeuwklokjes. Dat kwam omdat ik **'The Bride'** vond.' Herbert Ransom van de Giant Snowdrop Company was voor Phil Cornish een grote bron van inspiratie. Hij kreeg verschillende sneeuwklokjes van hem als start van zijn collectie. Vanaf die tijd verzamelt Phil niet alleen maar sneeuwklokjes, maar zoekt hij ook naar nieuwe interessante vormen.

Hij heeft nu ongeveer 50 sneeuwklokjes benaamd. Heel eerlijk vertelt hij dat hij bepaalde sneeuwklokjes nu niet meer zou benamen. Maar Phil heeft zo'n uitstekend oog voor afwijkende sneeuwklokjes dat veel van zijn sneeuwklokjes nog steeds heel bekend en geliefd zijn: **'The Bride'**, **'Ballerina'**, **'Ladybird'**, **'Jessica'**, **'Edith'**, **'Mandarin'**, **'X Files'**, **'Egret'**, **'Elfin'**, **'Gloucester Old Spot'**, **'Octopussy'**, **'Bungee'**, **'Little Dancer'**, **'Lapwing'**, **'Hoverfly'** en **'Little John'**.

Phil is bepaald geen voorstander van het verhandelen van sneeuwklokjes met blad. Zolang je in je eigen tuin de sneeuwklokjes met blad verplant, is er niets aan de hand. Maar als je ze opstuurt, drogen de bollen uit en duurt het een paar jaar voor ze volledig herstellen. Hij denkt echter niet dat veel verzamelaars het met hem eens zijn.

Veel van de nieuwe sneeuwklokjes die op het moment in België en Frankrijk gevonden worden, zijn vormen van **'Scharlockii'**. De groene vlekken op de buitenste bloemblaadjes zijn zo variabel dat het onzin is om ze stuk voor stuk een naam te geven. Je komt in de problemen als je ze wilt determineren, omdat ze zo veel op elkaar lijken en ook elk jaar weer anders kunnen zijn. Je zorgt alleen maar voor veel verwarring.

Phil is op het punt aangekomen waarop hij alleen maar van sneeuwklokjes wil genieten en niet alles meer hoeft te hebben. 'Het gaat de kant van de tulpenmanie op,' vindt hij.

72

'Phil Cornish'

Nu is er een manie om alles te benamen en ik denk dat het volledig uit de hand loopt. Er zou een comité moeten zijn dat elke nieuwe vorm beoordeelt, omdat er zo veel bij komen die er al waren.

Phil Cornish

• • • • • "I started collecting snowdrops around 1972, having found **'The Bride'** at that time." Herbert Ransom at the Giant Snowdrop Company was a tremendous inspiration for Phil Cornish, having given him various forms to help him start his collection. Ever since then, Phil has not only collected snowdrops but has also continually been on the lookout for new, interesting forms.

So far, he has named around 50 snowdrops. With striking honesty, he explains that there are certain snowdrops among them that he would not name nowadays. But Phil has such a keen eye for distinct snowdrops that many of his snowdrops are still well known and much loved today, such as **'The Bride'**, **'Ballerina'**, **'Ladybird'**, **'Jessica'**, **'Edith'**, **'Mandarin'**, **'X Files'**, **'Egret'**, **'Elfin'**, **'Gloucester Old Spot'**, **'Octopussy'**, **'Bungee'**, **'Little Dancer'**, **'Lapwing'**, **'Hoverfly'** and **'Little John'**.

Phil does not advocate moving drops "in the green", believing we have been "brainwashed" into doing so. "I feel this is fine if it is in one's own garden," he explains, "but the problem is, sending them through the post results in the bulbs drying out, and it takes a couple of years before the drops fully recover. But I doubt this will catch on with most of the collectors."

There are many snowdrops currently being found in Belgium and France, and quite a few of them are **'Scharlockii'** forms. The green markings on the outer segments vary considerably, so they are being individually named. In Phil's opinion, this is just creating more confusion: "This is leading to significant problems with the identification since so many of them are almost the same – drops can vary in colour (marks) from year to year."

He has got to the point where he is collecting snowdrops for reasons of personal joy rather than aiming to own them all. "It is becoming as bad as the tulip craze," he says.

Nowadays, there is a mania for naming all and sundry, which is getting out of hand in my opinion. There really needs to be a committee which can assess any new forms, as quite a few are repeats of existing clones.

73

'Elfin'   Jessica Cornish

Veronica Cross

• • • • • 'Mijn tuin is in de zomer fantastisch, vooral als de rozen bloeien.' Veronica Cross, een bekend tuinontwerpster, krijgt dan veel tuinbezoek. Maar niet alleen in de zomer, ook in de tijd dat de sneeuwklokjes bloeien. Toen ze in 1992 in Lower Hopton Farm kwam wonen, was de tuin een weiland. Ze maakte zich toen nog niet zo druk over sneeuwklokjes. *Helleborus* en pioenen waren haar ding. Nu heeft ze de mooiste sneeuwklokjes in haar tuin staan. Veel ervan staan op het eiland bij de ingang van de tuin. Ze hebben het hier in de schaduw van bomen en struiken en met water rondom bijzonder naar hun zin. De sneeuwklokjes zaaien zichzelf uit en zorgen voor verrassingen. 'Ik hoop ooit eens een gele **'Trym'** te ontdekken,' vertelt ze. 'Hier heeft **'Trym'** zich gekruist met de gele **'Madelaine'**, wie weet wat eruit komt.'

Veel sneeuwklokjes die in haar tuin staan, zijn afkomstig van Sutton Court. Eind negentiende, begin twintigste eeuw werden hier narcissen en lelies gekweekt en veredeld. Er stonden toen ook al veel sneeuwklokjes. James Page, die nu in Sutton Court woont, vindt het prima als Veronica sneeuwklokjes komt zoeken. Ze heeft heel wat verschillende gevonden. De meeste ervan groeien in haar tuin zonder naam, maar twee stuks vond ze in 1995 bijzonder genoeg om te benamen: **'Wasp'** en **'Sutton Court'**.

Veronica houdt het meest van sneeuwklokjes die anders zijn dan andere. Ze heeft een collectie van ruim 300 verschillende en verzamelt ook varens. 'Ik vind dat mensen verstandiger moeten zijn, er wordt veel te veel geld betaald voor bijzondere sneeuwklokjes.' Het leukste van de sneeuwklokjes vindt ze de mensen. 'Ze liggen op hun buik ernaar te kijken, zijn het allemaal met elkaar oneens en weten het allemaal beter.'

74

*Plant alle planten op de juiste plaats,
geef ze veel compost en beendermeel en laat ze dan met rust. Ik verplant
mijn sneeuwklokjes nooit en dun ze ook niet uit.*

Onbenaamde
zaailing

Unnamed
seedling

Veronica Cross

• • • • • "In the summer, this garden is wonderful, especially in July where there is an abundance of roses." Veronica Cross, renowned garden designer, receives many visitors to her garden – not only in the summer, but also at snowdrop time. In 1992, when she first moved into Lower Hopton Farm, the garden was little more than a field. She had little interest in snowdrops at that time, hellebores and peonies were more her thing. Nowadays, her garden contains the most gorgeous snowdrops. Many of them grow on the island at the entrance to the garden, where they thrive particularly well in the shade of the trees, surrounded by water. The snowdrops are left to propagate themselves, resulting in many surprises. "I hope to get a yellow **'Trym'**," she confides. "Here, **'Trym'** threw some babies out which must have married the yellow **'Madelaine'** over there, so who knows what might happen."

Many of the snowdrops in her garden originate from Sutton Court. Daffodils and lilies were grown and bred there in the late nineteenth and early twentieth centuries, but there were lots of snowdrops too. Nowadays, James Page, the current resident of Sutton Court, allows Veronica to hunt for snowdrops in the grounds, and she has discovered many different ones. Most of them are now growing in her garden unnamed but, in 1995, she found two plants that were distinctive enough for her to name them: **'Wasp'** and **'Sutton Court'**.

Most of all, Veronica loves snowdrops that are "peculiar". She has a collection of over 300 different ones, and she also collects ferns. "I think that people should be more sensible, they are paying silly money for special snowdrops," she says. The most endearing thing about snowdrops, she finds, is the people: "They are wonderful – there they are, lying around on their tummies looking at the flowers, they all disagree and they all know better."

'Wasp'

Always plant snowdrops in the right place,
making sure they have lots of compost and bonemeal.
They should stay where they are –
I never move or split my snowdrops.

Cliff Curtis

● ● ● ● ● Cliff Curtis en zijn vrouw Joan wonen hun hele leven al in Lincolnshire. Pas toen Cliff gepensioneerd was, begonnen ze met het aanleggen van een tuin. Ze verzamelen echter al twintig jaar sneeuwklokjes en hebben nu een collectie van ruim 400 verschillende sneeuwklokjes.

Cliff is zeer geïnteresseerd in de geschiedenis rond de sneeuwklokjes. In 1995 deed hij onderzoek naar het sneeuwklokje '**Ketton**', dat in 1956 al genoemd wordt in het boek *Snowdrops and Snowflakes* van F.C. Stern 'In het dorpje Ketton, in Rutland,' vertelt hij, 'woonde Mrs Dorothy Gorton.' De broer van deze Mrs Gorton, Squire Burroughs, woonde ooit aan de overkant van zijn zus in een enorm huis dat 'The Cottage' heette. Hij was een groot tuinliefhebber en had veel bijzondere planten in zijn tuin, waaronder sneeuwklokjes. Inmiddels wordt het huis gebruikt als bejaardenhuis, maar Cliff en Joan kregen toestemming om planten uit de tuin te verzamelen. De echte '**Ketton**' hebben ze echter niet gevonden.

Later ontmoetten Cliff en Joan in Ketton een huisarts die zich Mrs Gorton nog kon herinneren. Ze had hem verteld dat ze zeer ontsteld was geweest, omdat ene Mr Bowles haar bezocht had en gevraagd of hij haar anemonen mocht zien. Die 'bloody Bowles' stond er zelfs op dat zij de plant opgroef, zodat hij de wortels kon bekijken. Als Bowles haar verteld had dat hij met een boek bezig was, *Anemone & Galanthus*, dan was ze misschien niet zo boos geweest.

In de tuin van 'The Cottage' vonden ze een aantal bijzondere sneeuwklokjes. Eén noemden ze naar de oorspronkelijke bewoner '**Squire Burroughs**' en een kleine nivalis noemde Cliff naar zijn vrouw '**Little Joan**'. Een sneeuwklokje met bloemen in de vorm van een perendrupsnoepje en een heerlijke geur noemde hij '**Peardrop**'.

*Bollen zijn fantastisch,
ik heb ze altijd al mooi gevonden en
speciaal sneeuwklokjes met alle verhalen
die je er gratis bij krijgt*

76

Cliff Curtis

●●●●● Cliff Curtis and his wife Joan have lived in Lincolnshire all their lives. They did not start work on their garden until Cliff retired, but they have been collecting snowdrops for over twenty years and amassed a collection of over 400 different snowdrops.

Cliff is particularly interested in the history surrounding snowdrops. In 1995, he researched the snowdrop **'Ketton'**, which is mentioned in the book *Snowdrops and Snowflakes* by F.C. Stern dating from 1956. "In the village of Ketton, in Rutland," he explains, "lived a Mrs. Dorothy Gorton." Mrs. Gorton's brother, Squire Burroughs, lived across from his sister in a massive house called simply 'The Cottage'. He was a keen gardener and had many unusual plants in his garden, including snowdrops. Despite the house now serving as a retirement home, Cliff and Joan were given permission to collect any plants they wished from the garden, but they never found **'Ketton'**.

Cliff and Joan later met up with the former local GP, who remembered Mrs. Gorton well. He recalled how she had once seemed very irritated, telling him how a certain Mr. Bowles had visited her and asked to see the anemones she grew. "That bloody Bowles" had even insisted she dug one up so that he could see it's root system. If only Bowles had told her that he was working on a book, to be called *Anemone & Galanthus*, maybe she would have not been quite so affronted.

In the garden of 'The Cottage', the couple discovered special snowdrops. They named one of them after the original resident, **'Squire Burroughs'**, and Cliff named a small nivalis type after his wife, **'Little Joan'**. He named yet another snowdrop they found there **'Peardrop'**, inspired by its prettily shaped flowers and wonderful scent.

*I have always been fascinated by bulbs,
the way they just go ahead and
do their own thing. I especially like snowdrops,
with all the stories that go with them.*

'Peardrop'

Hagen Engelmann

⬤ ⬤ ⬤ ⬤ ⬤ Het leuke van sneeuwklokjes, vindt Hagen Engelmann, is dat je het plezier dat je eraan beleeft, en de bollen, met anderen kunt delen. Daardoor ontstaan contacten met Engelsen, Schotten, Ieren, Belgen, Nederlanders en Duitsers. Soms gaat het verder dan puur liefde voor het sneeuwklokje en slaat de commercie toe, maar uiteindelijk moet eenieder voor zich bepalen hoe ver die daarin wil meegaan.

Hagen heeft meer dan 400 sneeuwklokjessoorten en -cultivars verzameld. Eerst waren dat de klassieke cultivars uit Engeland, maar tegenwoordig heeft hij ook zelf veel sneeuwklokjes geselecteerd die uit zijn tuin, 'Garten in den Wiesen', afkomstig zijn. Als tuinarchitect let hij erop dat het niet alleen goed herkenbare sneeuwklokjes zijn, maar dat ze het ook goed doen in de tuin. Daarom houdt hij het meest van opvallende, grootbloemige sneeuwklokjes die je uit de verte al kunt zien staan.

78

Om sneeuwklokjes makkelijker te kunnen ordenen heeft hij ze in een aantal groepen ingedeeld. Welke sneeuwklokjes hij het mooiste vindt? Verontschuldigend merkt hij op dat iedereen natuurlijk zijn eigen kinderen het mooiste vindt en daarom noemt hij een paar van zijn eigen sneeuwklokjes: **'Dickerchen'**, **'Grüner Splitter'**, **'Ring's Rum, Holo-Gramm'** en **'Schorbuser Blut'**. De allermooiste van al zijn eigen sneeuwklokjes vindt hij echter **'Grüner Splitter'**. Dit is geen sneeuwklokje waarvan er dertien in het dozijn gaan: het is grootbloemig, heeft een grote groene tekening op de binnenste bloemblaadjes en dikke groene strepen op de buitenste. 'Van dit type houd ik toch het meest,' vertelt hij 'het vermeerdert heel snel, vandaar "splitter".'

Of zijn sneeuwklokjes te koop zijn? Daar hoef je niet op te rekenen en als dat al gebeurt, duurt het nog jaren. Hagen bewaart zijn bijzondere sneeuwklokjes om met anderen te ruilen en zo zijn verzameling uit te breiden.

Wij mensen hebben de sneeuwklokjes in Europa verspreid. Eerst vanuit de botanische tuinen, toen vanuit onze eigen tuinen en nu groeien ze op veel plaatsen in het wild.

Hagen Engelmann

• • • • • One of the best things about snowdrops, according to Hagen Engelmann, is that you can share the joy they bring you, and the bulbs, with others. This has enabled him to get to know English, Scottish, Irish, Belgian, Dutch and German snowdrop-lovers. He acknowledges that it can, in some cases, go beyond a pure passion for snowdrops alone, with some people's judgement becoming clouded by commercialism, but he believes that, at the end of the day, everyone has to decide for themselves where their boundaries lie.

Hagen has collected over 400 snowdrop species and cultivars. Although he started with the classic cultivars from England, he has since selected many snowdrops himself that originate from his own garden, 'Garten in den Wiesen'. As a garden architect, he is keen to make sure not only that the plants are distinct snowdrops, but also that they grow well in the garden. For that reason, he prefers bold snowdrops with large flowers that stand out in the garden, even at a distance.

To make it easier to catalogue his snowdrops, he has divided them into a number of groups. But which snowdrops are his favourites? Somewhat apologetically, he replies that everyone likes their own children the best, before mentioning a few of his own snowdrops: **'Dickerchen'**, **'Grüner Splitter'**, **'Ring's Rum'**, **'Holo-Gramm'** en **'Schorbuser Blut'**. When forced to choose, he selects **'Grüner Splitter'** as the most beautiful of them all. This is indeed an unusual specimen: it has big flowers with a large green spot on the inner segments and a thick green mark on the outer ones. "I like this kind the most," he says, "because it multiplies (splits) quickly." Are any of his snowdrops for sale? Not at the moment — and if that is ever going to be the case, it will not be for several years at least. Hagen prefers to swap his special snowdrops with others in order to expand his own collection.

We humans are responsible
for spreading snowdrops throughout Europe –
it began in the botanical gardens,
then we started growing them in our gardens
and nowadays they can be found in the wild
in many places

'Grüner Splitter'

Catherine Erskine

• • • • • Toen Catherine, haar echtgenoot Peter en de kinderen in 1976 in Peters ouderlijk huis gingen wonen, waren ze verrukt van alle sneeuwklokjes die de bossen van Cambo Estate bevolkten. Enkele en dubbele waren het, gecombineerd met winter-akonieten. Peters familie telde een groot aantal tuinliefhebbers. De zes tantes van haar man werden als kinderen in de winter het bos in gestuurd om daar sneeuwklokjespollen op te graven en de bolletjes weer een voor een uit te planten. Catherine liet haar kinderen hetzelfde doen, weliswaar tegen betaling, maar die waren duidelijk minder toegewijd en ze vond het jaar erna ban-de-bomtekens en hun initialen in sneeuwklokjes in het bos terug.

De eerste jaren verkochten ze sneeuwklokjes aan de 'snowdrop diggers', mensen die met toestemming van de landgoedeigenaren sneeuwklokjes opgroeven om ze elders te verkopen. Catherine kwam toen op het idee om het zelf te gaan doen en haar bossen op die manier te exploiteren. Ze verzendt haar sneeuwklokjes met blad per mailorder. Ze plant de kleine bolletjes weer terug en houdt nauwkeurig de enkele van de dubbele gescheiden. De sneeuwklokjes groeien prima in de bossen en door elke keer de kleinere terug te planten wordt de populatie in stand gehouden.

De sneeuwklokjes van Cambo Estate zijn beroemd, niet alleen door de verkoop, maar ook doordat het bos en de tuin opengesteld zijn voor bezoekers. Van 1 februari tot half maart is het Snowdrop Spectacular en kun je massa's sneeuwklokjes zien in de bossen die tot aan de zee lopen. Ook kun je Catherine's officiële sneeuwklokjesverzameling (NCCPG) bekijken en niet te vergeten de winkel met alle sneeuwklokjesmemorabilia.

Catherine stimuleerde veel Schotse landgoedeigenaren hun tuinen in sneeuwklokjestijd open te stellen en zij organiseert ook nog eens elke twee jaar een Snowdrop Conference in samenwerking met de universiteit van Edinburgh. Als iemand de Schotse sneeuwklokjes op de kaart heeft gezet, dan is zij het wel.

80

Ik ben alleen maar een tuinman en mijn
'snowdrop business' is maar een heel klein deel van wat ik doe.

Catherine Erskine

• • • • •   When Catherine, her husband Peter and their children took over the house of Peter's parents in 1976, they were enraptured by all the snowdrops growing in the woods of Cambo Estate. Singles and doubles were thriving among winter aconites. Peter came from a family of keen gardeners. When they were children, his six aunts used to be sent off into the woods to dig up clumps of snowdrops and replant the bulbs, one by one. One year, Catherine got her children to do the same, although she had to pay them for it, and they were apparently somewhat less dedicated than their great-aunts – the following year, she found snowdrops growing in the woods displaying her children's initials and 'ban the bomb' symbols.

In the first few years after moving to Cambo Estate, they sold snowdrops to the "snowdrop diggers" – the people who, with permission from the landowners, extract snowdrops and sell them on to others. Catherine then decided to do the digging herself as a way of generating some income from the woods.

She distributes her snowdrops in the green by mail order. She replants the small bulbs and takes care to keep the singles and doubles separate. The snowdrops grow well in the woods, and replanting the smaller ones is sufficient to keep the population going.

The strong reputation of Cambo Estate's snowdrops is not only down to Catherine's mail-order business; the garden and the woods are opened to the public every year. The 'Snowdrop Spectacular' is held from February 1st until mid-March, during which time visitors can admire masses of snowdrops carpeting the woods which stretch down to the sea. Catherine's official snowdrop collection (NCCPG) is also on display, and not forgetting the gift shop which contains all manner of snowdrop-themed merchandise.

Catherine's approach prompted many Scottish landowners to follow her lead and open their gardens during snowdrop season too. She has since started organising a Snowdrop Conference which takes place every two years in collaboration with the University of Edinburgh. If anyone is to be credited with placing Scottish snowdrops on the map, it should be Catherine.

I'm just a gardener, and my snowdrop business is just a very small part of what I do

81

Annie Fallinger

● ● ● ● ● In vijftien jaar tijd bouwde Annie Fallinger een indrukwekkende sneeuwklokjes-collectie op. Toen het sneeuwklokjesvirus eenmaal toegeslagen had, was ze niet meer te stoppen. Ze is nu collectiehouder van de Nederlandse Planten Collectie *Galanthus* van ruim 500 soorten en cultivars.

Annie is een typisch moderne verzamelaar, die haar sneeuwklokjes overal vandaan haalt. Ze wacht niet af tot haar een bijzonder exemplaar gegund wordt, maar biedt ook op het internet en betaalt de hoogste prijzen. Dat andere verzamelaars daar een naam voor hebben, 'cheque-book gardening', interesseert haar niet. In januari en februari is ze in Engeland te vinden om de sneeuwklokjes op te halen die ze besteld heeft en om er nog meer op de kop te tikken. Colin Mason noemt haar 'mijn beste klant'.

Toen Colin Mason samen met andere sneeuwklokjesspecialisten en collectiehouders bij haar op bezoek was, was ze behoorlijk zenuwachtig. Wat zouden ze wel niet van haar collectie vinden? Maar dat was snel over. Michael Baron, een van de Engelse collectiehouders, vond dat haar sneeuwklokjes er fantastisch uitzagen en Colin geloofde zijn ogen niet.

In Annie's tuin staan van al die bijzondere sneeuwklokjes geen eenlingen, maar dikke pollen. De Engelsen wilden weten wat haar geheim was. 'Geheim?' zei Annie, 'dat heb ik niet, je moet ze gewoon goede grond geven en ze verwennen met Culterra en compost.' Ze weet precies waar haar sneeuwklokjes vandaan komen en houdt alles nauwkeurig bij.

Behalve sneeuwklokjes verzamelt Annie alles wat met sneeuwklokjes te maken heeft en alles waar een sneeuwklokje op staat. Daarmee staat ze elk jaar op het Sneeuwklokjesfeest van De Boschhoeve in Wolfheze.

Als Annie sneeuwklokjes ziet, krijgt ze een waas voor haar ogen

Annie Fallinger

• • • • • In the space of just fifteen years, Annie Fallinger has amassed an impressive snowdrop collection. Once bitten by the snowdrop bug, she was unstoppable. In the Netherlands, she is now collection holder of the 'Nederlandse Planten Collectie *Galanthus*' comprising over 500 species and cultivars.

Annie is a typical modern collector, acquiring her snowdrops from far and wide often paying serious money. That other collectors call this approach 'chequebook gardening' leaves her cold. Rather than waiting until she is offered a particular specimen, she also bids for them in internet auctions. In the months of January and February, she can be found in England, there to pick up the snowdrops she has ordered and always on the lookout for others. Colin Mason calls her 'my best customer'.

When Colin Mason, along with several other snowdrops experts and collection holders, paid her a visit, she was nervous to say the least. What would they think of her collection? But her nerves soon vanished. Michael Baron, one of the English national collection holders, told her that her snowdrops looked fantastic, and Colin could not believe his eyes.

All of the unusual snowdrops in Annie's garden stand in thick clumps rather than singly. The English wanted to know her secret. "Secret?" replied Annie. "I don't have one. You just need to give them good soil and spoil them with Culterra (organic fertilizer) and compost." She knows exactly where her snowdrops have come from, and she keeps a close track of everything.

As well as snowdrops themselves, Annie collects everything related to snowdrops and anything that has a snowdrop on it. She shows this collection every year at the 'Sneeuwklokjesfeest' event held at De Bosch-hoeve in Wolfheze.

83

If Annie sees snowdrops,
she has to have them

John Grimshaw

● ● ● ● ● 'Mensen zijn gek geworden,' vertelt John, 'ze kopen in twee jaar een collectie van honderden sneeuwklokjes zonder dat ze er iets van af weten. "Chequebook gardening" heet dat.' Dat is niet de goede manier, vindt John, botanicus, schrijver en als tuinspecialist verbonden aan de tuinen van Colesbourne. Hij heeft er 25 jaar over gedaan om sneeuwklokjes een beetje te begrijpen. Als sneeuwklokjes geselecteerd werden, omdat ze goede tuinplanten waren, dan was het wat anders. Een aantal, zoals 'Cowhouse Green', kun je alleen maar in leven houden door 'twinscalen'. Veel sneeuwklokjes hebben niet het eeuwige leven en moeten zich regelmatig kunnen verjongen.

Veel verschillende sneeuwklokjes in een kleine tuin is vragen om problemen. Schimmelziekten, zoals *Stagonospora*, kunnen een ravage onder de sneeuwklokjes aanrichten. Mensen die een grote verzameling op een kleine ruimte hebben, spuiten als gekken om de schimmels onder controle te houden. Dat kan toch nooit de bedoeling zijn van goede tuinplanten.

Vroeger zou het trouwens onmogelijk geweest zijn om in twee jaar 500 sneeuwklokjes te kopen. Toen kreeg je ze door ruilen en er waren maar een paar kwekers die kleine aantallen bollen verkochten. Dat was in 1980, 1990, dus echt niet zo lang geleden. Het is ineens geëxplodeerd en inmiddels bezoeken duizenden mensen jaarlijks Colesbourne op de sneeuwklokjesdagen.

Genoeg gemopperd, de sneeuwklokjesgekte heeft ook veel moois gebracht. Bijzonder zijn de oranje/abrikooskleurige sneeuwklokjes zoals **'Anglesey Orange Tip'** en **'Senne's Sunrise'**. Als je die twee zou kruisen, kun je een heel nieuwe serie sneeuwklokjes krijgen. **'Margaret Biddulph'** is een bijzondere, nieuwe sneeuwklok, **'Moses Basket'** een mooie *G. elwesii* hybride van **'Anglesey Abbey'**, **'Angelina'** een prachtige selectie van Kit Grey-Wilson met enorme bloemen en **'Green Tear'**, een sneeuwklokje van Gert-Jan van der Kolk met bijzonder groene buitenste bloemblaadjes.

Johns absolute favoriet? **'S. Arnott'**.

84

'Green Tear'

Verplant geen sneeuwklokjes als ze groeien, maar alleen als de bolletjes in rust zijn. Met een bol in rust kan niets gebeuren, als hij tenminste weer snel geplant wordt.

John Grimshaw

• • • • • "People have gone mad," says John, "They buy hundreds of snowdrops in a couple of years without knowing the first thing about them. That's not collecting, that's chequebook gardening." Botanist, author and Gardens Manager at Colesbourne Park, John objects to such an approach to collecting. It has taken him 25 years to even begin to understand snowdrops. Some of them, such as **'Cowhouse Green'**, can only be maintained by twin-scaling. Many snowdrops do not have the gift of eternal life and need to be able to renew themselves regularly in order to keep going.

Growing lots of different snowdrops in a small garden is simply asking for trouble. Fungal diseases, such as *Stagonospora*, can ruin the snowdrops. People who keep a large collection in a restricted space end up spraying them excessively to keep the diseases under control. This situation could be avoided if the snowdrops were selected for being good garden plants.

In the past, it would have been impossible to buy 500 snowdrops in the space of two years. Back then, you only obtained them by swapping; there were very few growers, and even they sold only small numbers of bulbs – and that was around 1980-1990, so not very long ago at all. The scene has suddenly exploded or, in John's own words, "It has become such a bubble," with Colesbourne's snowdrop open days now attracting thousands of visitors every year.

Looking on the brighter side, the snowdrop craze has brought with it many positive things too, such as the exciting orange/apricot-coloured snowdrops, **'Anglesey Orange Tip'** and **'Senne's Sunrise'**. Crossing those two could result in a whole new strain of snowdrops. **'Margaret Biddulph'** is a pretty new snowdrop, **'Moses Basket'** is a beautiful *G. elwesii* hybrid from **'Anglesey Abbey'**, **'Angelina'** is a delightful selection from Kit Grey-Wilson with enormous flowers, and **'Green Tear'** is a snowdrop from Gert-Jan van der Kolk with unusual green outer segments.

And what is John's absolute favourite? **'S. Arnott'**.

Never move snowdrops when they are growing – only do so when they are dormant. It makes all the difference to your success, providing you replant the bulbs quickly.

Romke van de Kaa

●●●●● Romke van de Kaa, de bekendste tuinschrijver van Nederland, die ooit bij Christopher Lloyd werkte, is een meester in de tuinwereld een spiegel voorhouden. Op een sneeuwklokjesfeest, waar de ene serieuze lezing na de andere werd gehouden, was hij de laatste spreker. Hij vroeg een vrijwilliger om de juiste etiketten bij drie potten sneeuwklokjes te zetten. Om het makkelijker te maken gaf hij de volgende informatie mee: **'Tiny'** was een klein sneeuwklokje, **'Windmill'** had vier buitenste bloemblaadjes en degene die overbleef, zou dan **'Brenda Troyle'** moeten zijn.

Achteraf bleek dat het gewoon pollen waren die hij de dag ervoor in het bos had opgegraven. Dit ter illustratie van de geweldige variatie binnen het geslacht. Hij stelde voor de namen te veranderen in 'Brenda Boyle', 'Windstil' en 'Piepje' en ze via eBay voor veel geld te verkopen. 'Sparen is leuk, maar sneeuwklokjes zijn bedoeld om in de tuin te planten en uit tuinoogpunt zou je een schifting moeten maken.'

86

Romkes top vijf van sneeuwklokjes:

- **'Atkinsii'** – bloeit vroeg, is groot, bijna een snijbloem en doet het geweldig goed. Nadeel dat hij zo nu en dan een beetje misvormd is, met een bloemblad dat te lang is bijvoorbeeld.

- **'S. Arnott'** – is zijn ideale sneeuwklok, met prachtig afgeronde bloemblaadjes, hoog, en je kunt er een prachtig boeket van plukken.

- **'Viridapice'** – gemakkelijk verkrijgbaar, doet het geweldig goed. Een beetje lange, slome bloem met groene punten.

- **'Washfield Warham'** – als er Washfield in de naam voorkomt, is het een door Elisabeth Strangman geselecteerd sneeuwklokje. Zij selecteerde op groeikracht en niet op een honingmerkje meer of minder.

- **'Hippolyta'** – één van de Greatorex Doubles en wat Romke betreft de mooiste van alle doubles.

Sneeuwklokjesverzamelaars,
ook wel galanthozeuren genoemd,
hebben de neiging om
oogkleppen op te hebben en alleen nog
maar **Galanthus** te zien

'Atkinsii'

Romke van de Kaa

• • • • • Romke van de Kaa, the best-known garden author in the Netherlands and the man who once worked for Christopher Lloyd, is a master at helping the gardening world in an exercise of self-reflection. At a snowdrop festival once, where one serious lecture followed another, he was the final speaker. He asked a volunteer to attribute the correct labels to three pots containing snowdrops. To make it easier, he provided the following information: **'Tiny'** was a small snowdrop, **'Windmill'** had four outer segments and the remaining one would then be **'Brenda Troyle'**. He later revealed that they were all just clumps he had dug up in the woods on the previous day. He wanted to illustrate the fantastic amount of variety within the genus. He then suggested changing the names into 'Brenda Boyle', 'Windy Miller' and 'Pipsqueak' and selling them on eBay for a great deal of money. 'It is all well and good to collect, but snowdrops are meant to be planted in the garden and the situation should ideally be viewed from a gardening perspective'.

Romke's 'Snowdrop Top Five':

• **'Atkinsii'** – flowers early, is large, almost a cut flower, and really thrives. The downside is that it can be a bit misshapen now and then, such as with an outer segment that is too long.

• **'S. Arnott'** – his ideal snowdrop, with wonderfully rounded outer segments, tall, and makes for a beautiful bouquet.

• **'Viridapice'** – easy to get, grows very well. A long, slender flower with solid green marks at the apex of the outer segments.

• **'Washfield Warham'** – if the name contains Washfield, it is a snowdrop selected by Elisabeth Strangman. She selected based on vitality rather than on an extra marking here or there.

• **'Hippolyta'** – one of the Greatorex Doubles and according to Romke one of the best of all doubles.

Snowdrop collectors,
also called 'galantho bores',
often tend to be blind to anything
that is not **Galanthus**

Gert-Jan van der Kolk

• • • • • 'Ik heb er 600 à 650, daar zitten ook onbenaamde bij. In 1999 ben ik begonnen met verzamelen en woonde toen nog in Nederland.' Gert-Jan was altijd al in bollen en vaste planten geïnteresseerd en sneeuwklokjes vormden een mooie aanvulling op zijn verzameling hosta's. Toen hij in 2001 naar Engeland ging, als 'head gardener' van Waltham Place, kwam hij in het walhalla van de sneeuwklokjes terecht. Hij leerde de sneeuwklokjesspecialisten kennen, bezocht evenementen en bouwde zijn verzameling verder op.

In 2002 ontdekte hij op het landgoed een bijzonder sneeuwklokje, dat hij met toestemming van de familie **'Beany'** noemde, naar hun zoon. In Nederland vond hij **'Green Tear'** en in Engeland **'Envy'**. Nu zoekt hij in de Ardennen, samen met de Belgische galanthofielen Valentin Wijnen en Johan Mens. De sneeuwklokjes die ze vinden, moeten zich eerst bewijzen. Ze zetten ze eerst een paar jaar in hun eigen tuin. Veelbelovend, maar nog lang niet op de markt zijn **'Drie Musketiers'** en **'Helios'**.

Het leuke van sneeuwklokjes vindt hij de mensen. Het hele jaar spreek je ze niet en als de sneeuwklokjes bloeien, kom je ze weer tegen. Door zijn nieuwe baan heeft hij minder tijd om op pad te gaan naar alle sneeuwklokjesevenementen. Hoewel hij niet elk sneeuwklokje hoeft te hebben, blijft hij wel doorsparen, meestal door ruilen. Maar ruilen doe je niet met Jan en alleman. Hij vindt het jammer dat sneeuwklokjes vaak door overbemesting opgejaagde planten worden. Hij geeft ze mineralen en sporenelementen. Op het moment is hij bezig een collectie *Lilium martagon* op te bouwen. Er is meer op aarde dan alleen sneeuwklokjes.

88

Aangeraden wordt om sneeuwklokjes te kopen als investering. Belachelijk. Ik ben blij dat ik er al mee was begonnen voor het zo populair werd. Op het moment gaat het om het grote geld.

Gert-Jan van der Kolk

● ● ● ● ● "I have between 600 and 650, not all of them are named. I started collecting them in 1999 – I was still living in the Netherlands at that time." Gert-Jan had always been interested in bulbs and perennials, and snowdrops were a logical extension to his collection of hostas. In 2001, when he moved to England to work as head gardener of Waltham Place, he found himself in snowdrop paradise. He was able to get to know the snowdrop experts, visit events and continue to expand his collection.

In 2002, he discovered an unusual snowdrop in the grounds of the estate and the family agreed to him naming it **'Beany'**, after their son. He also found **'Green Tear'** in the Netherlands, and **'Envy'** in England. He is currently hunting snowdrops in the Ardennes region of Belgium, together with local galanthophiles Valentin Wijnen and Johan Mens. Any snowdrops they discover first have to prove their worth – they grow them in their own gardens for a couple of years before doing anything else with them. Looking promising, but not yet on the market, are **'Drie Musketiers'** and **'Helios'**.

The people are what he likes most about snowdrops. A year can go by with no contact, but once the snowdrops are in bloom, it is a delight to see so many familiar faces. Due to his new job, he has less time to travel to all the various snowdrop events nowadays. Although he does not need to own every single snowdrop, he still continues to collect, mainly through swapping – but he is selective about who he swaps with. He thinks it is a shame that snowdrops are often forced plants as a result of over-fertilizing. Personally, he gives them minerals and micro-nutrients. At the moment, he is working on building a collection of *Lilium martagon* – there's more to life than just snowdrops.

'Beany'

89

People are being advised
to buy snowdrops as an investment –
that's ridiculous! I'm glad that I started
collecting them before it became so popular.
Nowadays, it's all about the money.

Tom Koopman

Tom Koopman komt uit een bollenkwekersfamilie. Met de hele familie emigreerde hij naar Canada, maar kwam weer terug naar het Noord-Hollandse Breezand, omdat zijn vrouw niet kon wennen. Daar pakte hij het vak van bollenkweker weer op en legde zich toe op het zogenaamde bijgoed, waaronder sneeuwklokjes. Niet de gemakkelijkste teelt.

Rond 1990 ontdekte Tom een pol sneeuwklokjes met bloemen die veel witter waren dan de andere en die ook veel later bloeiden. Toen bleek dat de sneeuwklokjes zich goed vermeerderden en ook sterke planten waren, zond hij ze ter keuring in onder de naam **'White Dream'**. **'White Dream'** werd officieel geregistreerd en deed zijn intrede op de Nederlandse sneeuwklokjesmarkt.

'Als je tegenwoordig die lijsten ziet met die torenhoge prijzen en dan die aantallen ervoor – 3 van de ene en 5 van de andere, dan lach je je slap,' vindt hij. Zijn sneeuwklokjes vermeerderen zich op natuurlijke wijze door nieuwe bolletjes te maken. Soms parteert hij wel eens een bol, maar niet in stukjes, gewoon door een kruis in de bolbodem te geven. Met een ontsmet mesje snijd je dan 1 cm diep in de bolschijf van een droge bol en zet deze in een potje. 'Kijk dat vermeerdert, moet je maar eens tellen.'

Intussen heeft Tom samen met zijn commissionair, Wim Vieveen, nog een paar nieuwe sneeuwklokjes geregistreerd: **'Tommy'** genoemd naar zijn kleinzoon, een ontzettend rijk bloeiend sneeuwklokje waarvan het kleinste bolletje al een bloem geeft, **'Green Diamond'**, een selectie uit **'Maximus'** met groene punten', en een selectie uit **'Flore Pleno'**, die hij **'Splendid Cornelia'** noemde naar zijn vrouw. Hij is inmiddels al aardig op leeftijd en kweekt geen sneeuwklokjes meer in het groot, maar dicht bij huis heeft hij toch nog een paar veldjes met zijn geliefde sneeuwklokjes staan.

90

'White Dream'

Tom Koopman

• • • • • Tom Koopman comes from a family of bulb growers. He and his family emigrated to Canada, but his wife found it difficult to settle there so they returned to Breezand in the province of North Holland. Once back home, he picked up where he had left off and focused on growing so-called 'miscellaneous' bulbs, including snowdrops – not the easiest plants to grow.

Around 1990, Tom discovered a clump of snowdrops with flowers which were much whiter than all the rest, and which were also much later to bloom. Once he was sure that the snowdrops were strong plants and propagated well, he submitted them for inspection under the name **'White Dream'**. **'White Dream'** was officially registered, marking its legitimate entry onto the Dutch snowdrop market.

"You have to laugh nowadays, when you see the price lists. The rates they are charging are sky-high, and the quantities involved…three of one type, five of another," he says. He allows his snowdrops to multiply naturally by making natural offsets. Occasionally he chips a bulb, although not in pieces – he just makes a cross in the base of the bulb. Using a sterile knife, he makes a cut 1 cm deep into the basal plate of a dry bulb and then pots it. 'See, that one is multiplying, look how many bulblets there are."

Since **'White Dream'**, Tom – together with his agent, Wim Vieveen – has registered several more new snowdrops: named after his grandson, **'Tommy'** is a snowdrop that blooms abundantly, with even the smallest bulb producing a flower, **'Green Diamond'** is a selection from **'Maximus'** with green tips, and he named **'Splendid Cornelia'**, a selection from **'Flore Pleno'**, after his wife.

Since Tom is not as young as he used to be, he is no longer growing snowdrops on a large scale, but he still has a couple of fields full of his beloved snowdrops close to his home.

91

'Green Diamond'

The section headed **Galanthus**
in Peter Nijssen's latest catalogue mentions the topic
of selling snowdrops in the green.
This is a growing trend in the Netherlands,
despite bulb experts strongly advising against it.
So what are we supposed to do about it?
I have no idea.

Jörg Lebsa

• • • • • 'Sneeuwklokjes zijn zo lieftallig, sierlijk, elegant en gracieus en bovendien bloeien ze in een triest en grijs jaargetijde, als er verder weinig anders in de tuin te beleven is,' vertelt Jörg. In de zomer kijkt hij alweer uit naar de winter en hoopt dan dat dit een zachte, niet te strenge winter wordt. Een kleine twintig jaar geleden begon hij met het verzamelen van sneeuwklokjes en hij heeft nu een omvangrijke verzameling. Al vijftien jaar maakt hij reizen naar landen waar sneeuwklokjes in het wild voorkomen, Duitsland, Oostenrijk, Tsjechië, Italië, Oekraïne, Griekenland en Turkije. In het noordoosten van Turkije vond hij *Galanthus alpinus* en *G. rizehensis* in gezelschap van *Primula vulgaris* subsp. *sibthorpii*, *Helleborus orientalis* en *Cyclamen coum*. Alles bloeide tegelijkertijd. In het noordwesten van Turkije zag hij eindeloze bossen die wit waren van *Galanthus gracilis*.

Ik houd van het winterseizoen

In het zuiden vond hij *G. peshmenii* en *G. cilicicus* die naast elkaar stonden in de bergen en tegelijker- tijd bloeiden met *Cyclamen cilicium* en *Cyclamen graecum*.

In bepaalde gedeelten van Turkije worden de sneeuwklokjes tot de grond afgegraasd door de geiten en alleen op de hoger gelegen plekken waar de geiten niet bij kunnen, overleven ze.

92

Hij vertelt ook dat sneeuwklokjes in het wild heel anders groeien dan zoals we gewend zijn in de tuin. In de tuin zien we ze meestal in pollen groei- en, maar in het wild staan ze meestal alleen. Dat komt omdat ze zich daar uitzaaien en nooit grote pollen vormen. Wij zijn gewend aan pollen van het gewone sneeuwklokje, *Galanthus nivalis*, en de af- stammelingen en kruisingen daarvan. Jörg maakt zich soms ook zorgen om de in het wild groeiende sneeuwklokjes. Ze worden op bepaalde plaatsen niet alleen bedreigd door geiten, maar ook door mensen die ze als onkruid beschouwen. Als er op die plekken gebouwd wordt of wegen aangelegd, verdwijnen ze.

Jörg heeft een behoorlijk aantal nieuwe sneeuwklokjes gevonden en benaamd. De meeste ervan zijn nog niet doorgedrongen in de verzamelingen. Maar het zal niet lang meer duren of we ko- men namen tegen als **'Pumpot'**, **'York Minster'**, **'White Gem'**, **'Laubfrosch'** en **'Smaragdsplitter'**.

Jörg Lebsa

• • • • • "Snowdrops are so sweet, charming, elegant and gracious and, what's more, they flower in the grey and cheerless season of winter, when there is little else going on in the garden," explains Jörg. When others are still enjoying the summer, his mind is already on the winter – he looks forward to the chilly season, and hopes every year that it will be a mild one, not too harsh.

He started collecting snowdrops around twenty years ago, and has since amassed a substantial collection. In the course of the past fifteen years, he has been on various trips to countries where snowdrops grow in the wild, including Germany, Austria, the Czech Republic, Italy, the Ukraine, Greece and Turkey. It was there, in the north-eastern region of Turkey, that he found *Galanthus alpinus* and *G. rizehensis* growing alongside *Primula vulgaris* subsp. *sibthorpii*, *Helleborus orientalis* and *Cyclamen coum* – and they were all in bloom at once. In the north-western region of Turkey he saw endless woods covered in white with *G. gracilis*.

In the south of the country, he came across *Galanthus peshmenii* and *G. cilicicus* growing along and in rocks and cliffs, together with *Cyclamen cilicium* and *Cyclamen graecum,* all in flower. In some parts of Turkey, goats are responsible for destroying many of the snowdrops as they graze; they tend to survive only in higher-lying locations that are inaccessible to goats.

He explains that snowdrops in the wild grow much differently from the way we see them growing in our gardens. We are familiar with the sight of clumps of the common snowdrop, *Galanthus nivalis*, and its descendents and hybrids. However, due to them seeding around in the wild, they usually stand alone rather than in clumps. Jörg is sometimes concerned about snowdrops growing in the wild; not only goats pose a threat – some people regard them as weeds. Snowdrops have been known to simply vanish from construction sites of new roads or buildings.

Jörg has discovered and named a significant number of new snowdrops. Most of them have not yet made it into people's collections – but it will surely not be long before we are coming across names such as 'Pumpot', 'York Minster', 'White Gem', 'Laubfrosch' and 'Smaragdsplitter'.

'Smaragdsplitter'

I love the winter

Janet Lecore (Judy's Snowdrops)

• • • • • De website van Judy's Snowdrops ziet er fantastisch uit: mooie foto's, veel informatie. 'Iedereen denkt altijd dat ik Judy heet,' vertelt Janet, 'maar Judy was mijn eerste hond.' Hun labradors moeten de tuin delen met de sneeuwklokjes. Daar heeft ze een oplossing voor gevonden. De sneeuwklokjes groeien in verhoogde bedden wat het voordeel heeft dat ze ook nog eens goed te bekijken zijn.

Janet had een collectie van 350 sneeuwklokjes, nu heeft ze er 175. Zij gooide de helft van haar collectie weg en hield alleen de sneeuwklokjes die ze mooi vindt. Heel dapper vindt ze zelf, het kostte haar wel moeite.

'Mensen realiseren zich niet hoeveel werk er in een collectie gaat zitten,' vertelt ze. 'Na een aantal jaren hebben ze van elke cultivar een pol die gesplitst moet worden.'

In de 70 m lange tuin staat een kasje waar ze de sneeuwklokjes chipt en opkweekt. Ze verkoopt geen bollen met blad, maar bollen in rust in de zomer. Die verstuurt ze dan per postorder. Ze vindt dat beter voor de sneeuwklokjes. Ze kan zich voorstellen dat andere kwekers graag bollen met blad en bloem verkopen, omdat ze dat tijdens de sneeuwklokjesgala's doen.

Een mooi nieuw sneeuwklokje vindt ze **'Cider with Rosie'**, van Colin Mason.

94

Ik doe de woorden en
John de foto's

Janet Lecore (Judy's Snowdrops)

● ● ● ● ● The Judy's Snowdrops website looks fantastic – wonderful photography and lots of information. "Everyone always thinks that my name is Judy," says Janet, "but Judy was actually my first dog." Nowadays, their labradors have to share the garden with the snowdrops. Perhaps not the ideal combination, but Janet has come up with a solution: the snowdrops grow in raised beds, the added benefit being that they are much easier to see.

Janet once had a collection of 350 snowdrops, which has since been reduced to 175. She took the courageous decision to discard around half of her collection, keeping only the snowdrops she really liked. "People don't realise how much there is involved in building and maintaining a collection," she says. "After several years, you have a clump of each cultivar, and they all need splitting up."

In the 260-foot long garden stands a greenhouse where she chips and cultivates the snowdrops. She does not sell them in the green, instead selling them only in the summer – when they are dormant – by mail order. She believes that her way is much better for the snowdrops, although she can understand why other growers prefer to sell bulbs in the green, since then they can sell them at the various snowdrop events.

One of her favourite new snowdrops is **'Cider with Rosie'**, from Colin Mason.

*I do the words,
John does the pictures*

95

'Cider with Rosie'

Rod Leeds

● ● ● ● ● Rod en Jane Leeds tuinieren in Suffolk, in het oosten van Engeland. Rod is auteur van fantastische boeken over bollen: *The Plantfinders Guide to Early Bulbs, Autumn Bulbs* en *Bulbs in Containers*.

Rod verzamelt al sneeuwklokjes zolang hij tuiniert. Richard Britten gaf hem in de jaren zeventig van de vorige eeuw de eerste sneeuwklokjes. De mooiste vindt hij **'Three Ships'**; die bloeit altijd met kerst, komt uit Suffolk en heeft een mooie bloemvorm.

In sneeuwklokjestijd is hij druk met het geven van lezingen. Hij wil ooit een lezing geven met als titel: *50 Onverwoestbare Sneeuwklokjes*.

Welke sneeuwklokjes hij dan zou bespreken? **'Three Leaves'** is al een oudje, **'Bitton'** kost niets en groeit goed, **'Trumps'** is ook een goede tuinplant, **'S. Arnott'**, **'Atkinsii'**, **'Hill Poë'** zijn allemaal sterk, **'Hippolyta'** is een mooie dubbele en **'Lowick'** is een geel sneeuwklokje dat het beste groeit.

In de tuin staan meer dan 400 verschillende sneeuwklokjes. De tuin gaat aan de overkant van de weg verder en daar groeien sneeuwklokjes langs een stroompje. Ze staan niet allemaal in de volle grond, vooral de species doen het beter in een pot. *Galanthus fosterii* houdt van een droge zomer waardoor de bollen opwarmen, maar niet uitdrogen. De potten kun je dan in de winter onder een overstek van een huis of schuur zetten. *Galanthus koenenianus* met het kenmerkende geribbelde blad en de piepkleine bloemetjes doet het ook uitstekend in een pot.

Of hij zelf ook sneeuwklokjes benaamd heeft? Niet veel, er zijn er al genoeg. Een paar die hij zelf benaamd heeft, zijn: **'Naughton'**, genoemd naar het dorp waar Oliver Wyatt woonde en **'White Perfection'**, een volledig albino sneeuwklokje.

96

Probeer zo schoon mogelijk te werken. Als je ziet dat er iets mis is, verwijder de planten dan onmiddellijk en zet daar geen nieuwe sneeuwklokjes neer. Als je sneeuwklokjes in het groen verplant, geef ze dan water want anders kunnen hun wortels in de lucht terechtkomen.

'Three Leaves'

Rod Leeds

● ● ● ● ● Rod and Jane Leeds are keen gardeners who live in Suffolk, in the east of England. Rod is the author of a number of terrific books on bulbs: *The Plantfinders Guide to Early Bulbs, Autumn Bulbs* and *Bulbs in Containers*. He has been collecting snowdrops ever since he got into gardening, and Richard Britten gave him his first snowdrops in the 1970s. His favourite is **'Three Ships'**, since it is a local snowdrop – from Suffolk – that always blooms at Christmas and has nicely shaped flowers.

In snowdrop season, much of his time is taken up giving talks. He hopes to one day hold a talk entitled *50 Bombproof Snowdrops*. Which snowdrops would he include, then? **'Three Leaves'** has been around for a long time, **'Bitton'** costs next to nothing and grows well, **'Trumps'** is a good garden plant too, **'S. Arnott'**, **'Atkinsii'** and **'Hill Poë'** are all very strong, **'Hippolyta'** is a nice double and **'Lowick'** is the yellow snowdrop that grows the best.

There are over 400 different snowdrops in his garden, which continues on the other side of the road, where snowdrops grow on the banks of a brook. They are not all in the soil, since the species are better off in pots. *Galanthus fosterii* prefers a dry summer so that its bulbs warm up without drying out. In the winter, the pots can be placed under the overhang of the shed or house. With its characteristic ribbed leaves and tiny flowers, *Galanthus koenenianus* is another species that does exceptionally well in a pot.

When asked whether he has named snowdrops himself, he replies, "Not many – there are enough already." A couple of snowdrops he has named include **'Naughton'**, named after the village where Oliver Wyatt lived and **'White Perfection'**, which is a completely albino snowdrop.

'Naughton'

*Try to work as clean as possible.
If you see anything ill, you've got to get it out
straight away, including the soil – you can't put
the snowdrops back where they were.
When you do plant them in the green,
make sure you water them.
Otherwise, their roots might be next to air.*

Dineke Logtenberg

●　●　●　●　●　Op De Boschhoeve is het altijd feest. Bijna het hele jaar is er wel wat te beleven in de tuin, de kwekerij en de prachtige potager. Dineke houdt van feesten en festijnen. Na het Sneeuwklokjesfeest volgt de Lentemarkt, de Meimarkt, de Dahlia- en Bloembollendagen, het Gladiolenfestijn, het Clematisfestival en de Oogstfair.

In 2001 bedacht de eigenaresse van De Boschhoeve dat het leuk zou zijn om een Sneeuwklokjesfeest te houden. Toen had ze nog nooit van de Engelse Galanthus Gala's en Snowdrop lunches gehoord. De reden was dat ze februari zo'n saaie maand vond. In het voorjaar, de zomer en het najaar kwamen er genoeg mensen naar haar tuin, potager en kwekerij. Maar als de sneeuwklokjes in haar tuin bloeiden kwam niemand kijken.

In het najaar voor het eerste Sneeuwklokjesfeest plantte ze massa's bolletjes in potjes, enkele, dubbele en groenpunten om ze in februari in bloei te kunnen verkopen. Ze nodigde een aantal kwekers uit van bijzondere bollen, speciaal gereedschap en bood zelf planten uit haar kwekerij te koop aan, ze liet taarten bakken en grote potten koffie en thee zetten.

De Boschhoeve had toen al een trouwe schare bezoekers die nu ook in februari kwamen en zich verbaasden over de sneeuwklokjes in potjes. Het volgende jaar en de jaren erna volgde een stormachtige ontwikkeling. Al snel werden sneeuwklokjescultivars in bloei verkocht en kwam Gert-Jan van der Kolk met zijn bijzondere uit Engeland afkomstige sneeuwklokjes het feest opvrolijken. Het eerste Nederlandstalige boek over sneeuwklokjes werd in 2003 op De Boschhoeve aangeboden en daarna was er een trend gezet. Mensen die al jaren sneeuwklokjes spaarden vonden hier gelijkgestemden en het aanbod van sneeuwklokjes werd elk jaar groter. Dineke plantte in haar tuin en bos circa 200 verschillende cultivars aan, maar vind zichzelf geen fanatieke verzamelaar.

98

Het tuinjaar begint op De Boschhoeve met het
jaarlijkse Sneeuwklokjesfeest

Dineke Logtenberg

• • • • • Whatever the time of year, there is nearly always something going on in the garden, the nursery or the wonderful potager at 'De Boschhoeve', located in the Dutch village of Wolfheze. Its owner, Dineke, loves holding festivals and fairs. The annual Snowdrop Festival is followed by the Spring Festival, the May Fair, the Dahlia and Bulb Days, the Gladioli Festival, the Clematis Festival and the Harvest Fair. The first ever Snowdrop Festival at De Boschhoeve was held in 2001 – in those days, Dineke had no inkling of the Galanthus galas and snowdrop lunches that were being held in England. Her garden, the nursery and the potager were attracting more than enough visitors during the spring, summer and autumn, but no one was coming to admire her snowdrops when they flowered, making February a rather dull month. So she decided to hold a snowdrop festival in the hope of creating some interest.

In the autumn preceding the first Snowdrop Festival, Dineke planted masses of bulbs – singles, doubles and green tips – in pots so that she would be able to sell snowdrops in the green in the following February. She invited a number of growers of unusual bulbs and suppliers of special tools, she offered some of the plants from her own nursery for sale, and she even baked cakes and made huge pots of tea and coffee.

Back then, De Boschhoeve already had a loyal group of customers who showed their support by visiting the inaugural February event and marvelling at the snowdrops in pots. The following year, and in successive years, the event went from strength to strength. Snowdrop cultivars were soon being sold in the green, and Gert-Jan van der Kolk provided an extra boost with his unusual snowdrops originating from England. The first Dutch-language book published about snowdrops was launched at De Boschhoeve in 2003, marking the start of a veritable trend. People who had been collecting snowdrops for years enjoyed the contact with like-minded souls, and the range of snowdrops on offer continued to grow. Even though Dineke has planted around 200 different varieties in her garden and woodland since then, she does not consider herself to be an avid collector.

99

The annual Snowdrop Festival at 'De Boschhoeve'
marks the start of the gardening year

Dr Ronald Mackenzie

●●●●● Ronald Mackenzie is de man achter de Snowdrop Company. Al op jonge leeftijd was hij in planten geïnteresseerd. Als student medicijnen viel er in Londen weinig te tuinieren, maar dat probleem loste hij op door plantenboeken te kopen. Eén van die boeken was *Snowdrops and Snowflakes* van Sir Frederick Stern. Dit door de Royal Horticultural Society in 1956 uitgegeven boek zette hem op het spoor van de sneeuwklokjes.

Bij het huis in Oxfordshire waar hij sinds 1976 woont is een grote tuin en heeft hij genoeg ruimte voor zijn favoriete planten. In de jaren zeventig had nog bijna niemand bijzondere sneeuwklokjes. Zijn eerste sneeuwklokjes, 'Atkinsii', 'Scharlockii' en 'Straffan' kocht hij bij Elizabeth Parker-Jervis. In zijn omgeving, de Cotswolds, kon hij zijn ervaringen uitwisselen met enthousiaste tuiniers zoals Mary Biddulph van Rodmarton en de familie Elwes van Colesbourne. Hij leerde galanthofielen kennen als Herbert Ransom, Primrose Warburg, Philip Ballard en Richard Nutt en zijn collectie sneeuwklokjes groeide gestaag. Zoals toen gebruikelijk was kreeg je bijzondere sneeuwklokjes door te ruilen.

100

Toen er steeds meer vraag kwam naar sneeuwklokjes begon Ronald Mackenzie als een van de eersten met twinscalen. 'Geen wonder,' zegt Ruby Baker, 'artsen kunnen nu eenmaal goed snijden.' Ruby is een van zijn grote voorbeelden vertelt Ronald en zij runt de Snowdrop Company samen met hem. In de catalogus worden circa 60 verschillende cultivars aangeboden. Hij is altijd op zoek naar nieuwe, maar kruist ze niet, daar heeft hij geen tijd voor. Zelf heeft hij een aantal sneeuwklokjes benaamd die hij opvallend genoeg vindt: **'Fiona Mackenzie'**, **'Hugh Mackenzie'** en **'Ronald Mackenzie'**. De eerste twee, naar zijn dochter en zoon genoemd, zijn van Ruby afkomstig, het laatste sneeuwklokje ontdekte hij in een bos in Gloucestershire. Het nieuwste sneeuwklokje in zijn catalogus komt uit Ierland en heet **'Ruby Baker'**.

Plant sneeuwklokjes 15 cm diep in lichte schaduw, zorg dat ze 's zomers niet uitdrogen en deel de pollen als de bolletjes te dicht op elkaar staan. Geef ze nooit mest, maar bladaarde of compost.

'Fiona Mackenzie'

Dr Ronald Mackenzie

• • • • • Ronald Mackenzie is the man behind the Snowdrop Company. He became interested in plants at an early age and, while studying medicine in London, he compensated for having little opportunity for gardening by buying books on the subject. Thanks to one of them in particular, *Snowdrops and Snowflakes* by Sir Frederick Stern which was published by the Royal Horticultural Society in 1956, he discovered the world of snowdrops.

His house in Oxfordshire has a sizeable garden with more than enough room for his favourite plants. He has lived there since 1976, and, back then, special snowdrops were virtually unheard of. He bought his first ones – **'Atkinsii'**, **'Scharlockii'** and **'Straffan'** – from Elizabeth Parker-Jervis. There were several keen gardeners elsewhere in the Cotswolds with whom he could exchange ideas, such as Mary Biddulph at Rodmarton and the Elwes family at Colesbourne. He got to know fellow galanthophiles, including Herbert Ransom, Primrose Warburg, Philip Ballard and Richard Nutt, and, as was the way in those days, swapping unusual specimens with them enabled him to steadily build his own snowdrop collection.

As the demand for snowdrops continued to increase, Ronald Mackenzie was one of the first people to begin twin-scaling. "That's not surprising, really," says Ruby Baker, "Doctors have to be handy with a scalpel." Ronald explains that he has always greatly admired Ruby, and they run the Snowdrop Company together. The catalogue lists around 60 different varieties. He is always on the look-out for new ones, but he does not have time to create hybrids himself. He has found a number of snowdrops which he considered worthy of naming: **'Fiona Mackenzie'**, **'Hugh Mackenzie'** and **'Ronald Mackenzie'**. The first two, named after his daughter and his son, came from Ruby, and he discovered the third one in a wood in Gloucestershire. The newest snowdrop in his catalogue is **'Ruby Baker'**, a snowdrop from Ireland.

*Plant snowdrops at a depth of 15 cm in semi shade,
make sure that they do not dry out in the summer, and split the clumps when they get
congested. Never fertilize them – give them leaf mould or compost instead.*

Colin Mason

• • • • • 'Mensen vinden een groot sneeuwklokje onder de heg en denken dat het een bijzondere is. Ik noem ze *Aunty Mary Specials*. Er worden veel mooie sneeuwklokjes benaamd, maar ook veel rommel. Ik moest een keer een lezing houden op een van de Galanthus Gala's,' vertelt Colin. 'Toen heb ik voor het gemak een aantal sneeuwklokjes de naam Fieldgate met een letter erachter gegeven, want als ze geen naam hebben, kun je er niet over praten. De beste van mijn zelf gevonden sneeuwklokjes is nog steeds **'Fieldgate Superb'**, die ik rond 1990 vond.'

Colin Mason is de eigenaar van Fieldgate Snowdrops. Bij toeval raakte hij verzeild in de sneeuwklokjeswereld. Colin had een heel ander beroep, maar tijdens een lunch waarvoor hij werd uitgenodigd, zat hij naast de beroemde Richard Nutt, die zijn interesse in sneeuwklokjes aanwakkerde. Een uitnodiging volgde voor een 'snowdroplunch' en zo is het gekomen.

'South Hayes'

Colin kan prachtige verhalen vertellen over die tijd. Primrose Warburg hield ook sneeuwklokjeslunches en zij had de reputatie van niet al te vriendelijk te zijn. Ze schold iedereen uit die het waagde een stap tussen haar krokussen te doen. Niemand durfde haar een bolletje te vragen van **'South Hayes'**, waarvan ze er maar een paar in haar tuin had staan. Toen ze in 1996 stierf, heeft John Grimshaw ervoor gezorgd dat haar sneeuwklokjes en krokussen bij de juiste mensen terechtkwamen. Van de vijf bolletjes van **'South Hayes'** kreeg Colin er één, omdat hij de kunst van het 'twinscalen' machtig was. Van dit ene bolletje zijn nu honderden nazaten afkomstig.

Als het even kan, gaat Colin sneeuwklokjes in het wild bekijken op hun oorspronkelijke groeiplaats. Zo ging hij in Georgië te paard een berg op om daar de zeldzame soort *Galanthus lagodechianus* te zoeken. Hij zag ze in volle bloei en vond ze adembenemend mooi.

Er is altijd wel iemand met
een bosje sneeuwklokjes in haar hand, compleet met bolletjes.
O nee, denk ik dan, ze zijn voor mij.

102

Colin Mason

● ● ● ● ● "People find a big snowdrop in the hedge and think it is something special. I call them *Aunty Mary Specials*. But there are so many good ones being named as well as all the rubbish. Once I gave a talk at one of the Galanthus Galas," Colin explains. "For the sake of ease, I named a number of snowdrops 'Fieldgate', each one with a different letter after the name, since it is difficult to talk about them if they don't have names. Of all the snowdrops I have found myself, my favourite one is still **'Fieldgate Superb'**, which I found around 1990." Colin Mason is the owner of Fieldgate Snowdrops. He got involved in the snowdrop world purely by coincidence. Colin was in a completely different line of work at the time, but he got invited to a business dinner and ended up sitting next to none other than the famous Richard Nutt, who fanned Colin's interest in snowdrops. Richard Nutt subsequently invited him to a snowdrop lunch, and one thing led to another.

Colin has a wealth of anecdotes about those days. Primrose Warburg used to hold snowdrop lunches too, and she was renowned for being somewhat gruff. She yelled at anybody who got too close to her precious crocuses. She had a couple of **'South Hayes'** growing in her garden, but apparently nobody dared to ask her for a bulb from it. When she died in 1996, John Grimshaw made sure that her snowdrops and crocuses were passed on to the right people. Because Colin was twin-scaling at the time, he received one of the five **'South Hayes'** bulbs – and that one bulb went on to produce hundreds more.

Whenever he gets the chance, Colin likes to admire snowdrops growing in the wild in their place of origin. This has taken him to Georgia, for example, where he rode on horseback to see a rare species, *Galanthus lagodechianus*. It was in full bloom and, in his own words, "It was absolutely beautiful."

There is always somebody
with a bunch of snowdrops in their hand,
with bulbs on them. 'Oh no,' I think,
'She is going to give them to me.'

103

Karl-Heinz Neuwirth

• • • • • Over sneeuwklokjes stelde Karl-Heinz in 1999 een synopsis samen, die in 2007 haar tweede druk beleefde. In dit 600 bladzijden dikke boekwerk, *Hildesheimer Schneeglöckchen Synopse*, schreef hij alles op wat tot dan bekend was over sneeuwklokjesspecies en -cultivars. Hij verzamelt zelf geen sneeuwklokjes – de grond in zijn tuin is niet geschikt – en daarom verzamelt hij alle informatie erover. In zijn woord vooraf vraagt hij zich af hoe het mogelijk is dat er zoveel te zeggen is over zo'n klein bloempje.

Hij verwoordt hierin ook de smeekbede van Ruby Baker, met wie hij veel samenwerkte, of ze hier op het vasteland niet ook nog eens willen beginnen met het benamen van sneeuwklokjes. Maar tegelijkertijd is hij verbaasd dat weinig Britten zich realiseren wat zich afspeelt bij de sneeuwklokjes in de rest van Europa.

Sneeuwklokjes zijn bijzonder variabel, laat hij in zijn in 2004 verschenen boek *Schneeglöckchen Sneeklöksken Sneeuwklokjes Snowdrops* zien. Dit boek, dat geheel uit tekeningen bestaat, toont onder andere de grote variatie in langs de weg gevonden *Galanthus nivalis*. 'Als ik alles van *Galanthus nivalis* begrijp voor ik 80 ben,' zegt hij, 'dan heb ik geluk.'

Van alle sneeuwklokjes die hij vond, heeft hij er ooit maar één benaamd, **'Kiekinneluft'** (dialect voor Guck in die Luft).

Karl-Heinz is de oprichter van de Gartenbotanische Vereinigung en geeft de *Gartenbotanische Blätter* uit. Tot een paar jaar geleden organiseerde hij sneeuwklokjesreizen naar verschillende delen van Duitsland. Maar door teleurstellende ervaringen met deelnemers die sneeuwklokjes in het wild roofden, organiseert hij nu reizen nadat de sneeuwklokjes uitgebloeid zijn.

Hij is een beetje sneeuwklokjesmoe en zegt dat hij er geen woord meer over wil horen, maar tegelijkertijd vindt hij het verhaal erachter nog steeds fascinerend.

104

Ik zou graag teruggaan naar de onschuldige tijd dat mensen alleen maar genoten van sneeuwklokjes zonder dat ze ze uit de natuur roofden en verklaarden dat ze ze in de tuin gevonden hadden

Karl-Heinz Neuwirth

• • • • • In 1999, Karl-Heinz put together a reference work on snow-drops which was reprinted in 2007. This 600-page synopsis, *Hildesheimer Schneeglöckchen Synopse*, contains details of everything that was known about snowdrop species and cultivars up until that time. Since his garden has the wrong type of soil, he is not a snowdrop collector himself, choosing instead to collect every piece of information about them. In the fore-word in his book, he muses over how there can be so much to say about such a tiny flower.

His foreword also contains reference to the plea by Ruby Baker, with whom he often worked closely together, to collectors on the European mainland, if they could please not also start naming snowdrops. Yet, at the same time, he expresses his surprise that so many Brits are not aware of what is happening in snowdrop world in the rest of Europe.

Snowdrops vary enormously, he writes in his book *Schneeglöckchen Sneeklöksken Sneeuwklokjes Snowdrops* that was published in 2004. A book filled entirely with drawings, it illustrates, among other things, the wide variations in the *Galanthus nivalis* found growing under the hedge. "If I understand what *Galanthus nivalis* is before I am eighty, I will count myself lucky," he says.

Out of all the snowdrops he has found, he has only ever named one: **'Kiekinneluft'**, which is local dialect for 'Guck in die Luft' (look up in the sky).

Karl-Heinz founded the 'Gartenbotanische Vereinigung' and publishes the *Gartenbotanische Blätter*. Up until a couple of years ago, he organ-ised snowdrop study trips to various parts of Germany. But in response to some disappointing cases of participants stealing snowdrops they found growing in the wild, he now organises excursions only after the snowdrops have finished flowering.

He says that he is getting tired of the whole snowdrop scene, and main-tains that he does not want to hear another word spoken about them – yet, at the same time, he finds the story behind them absolutely fascinating.

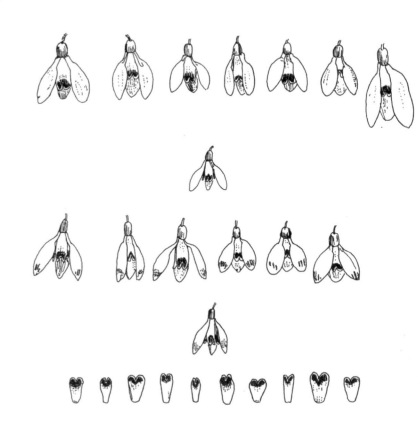

Variationen an Galanthus nivalis - Blüten aus einem Ankauf in einem Gartenmarkt am 15. Februar 1999, geliefert aus Dänemark

Bemerkenswert der hohe Anteil von Blüten mit grüner Zeichnung auf den äußeren Tepalen [Nordlichter - Gruppe]

I would like to return to more innocent times,
when people were just enjoying snowdrops without
stealing them from the wild and saying that
they found them in their own garden

Gerard Oud

• • • • • Gerard Oud stamt uit een bollenkwekersgeslacht; om precies te zijn is hij de vijfde generatie. Hij heeft zich met de lelieteelt beziggehouden. 'Wat teelt betreft zijn lelies heel anders,' vertelt hij, 'die kun je veel makkelijker in het open veld telen. Sneeuwklokjes willen schaduw. Als de grondtemperatuur te hoog wordt, gaan ze koken.'
Gerard Oud is gewend aan grote hoeveelheden en begon zijn bedrijf daarom niet met een paar sneeuwklokjes. Hij schat dat hij ongeveer 230 verschillende heeft, maar niet alles heeft hij in voldoende aantallen om te verkopen. De gewonere sneeuwklokjes als **'S. Arnott'** en **'Viridapice'** vermeerdert hij zelf niet, dat doen anderen wel.
Wat hij doet, is bijzondere sneeuwklokjes vermeerderen door parteren of, zoals de Engelsen zeggen, chippen. 'Niks nieuws,' zegt hij, 'bij de lelieschubbenteelt gebeurt het op dezelfde manier.' Het verschil met de Engelsen is dat Gerard perliet gebruikt in plaats van vermiculiet. Perliet is veel opener van structuur en lichter van gewicht.
Hij kweekt al zijn bijzondere sneeuwklokjes in leliekratten in licht bemeste potgrond. De kratten staan in een gaastunnel waar regen en sneeuw doorheen kunnen. Hij verkoopt zowel sneeuwklokjes met blad als droge bolletjes.

Een jaar of zeven geleden is hij begonnen met verzamelen en vermeerderen. Hij ruilt met veel mensen, bijvoorbeeld uit Engeland, Letland en de Oekraïne. Hij vindt het ook geen probleem om heel dure bollen te kopen. Zo kocht hij bij Monksilver Nursery **'E.A. Bowles'**, één bolletje voor € 172. Ook kocht hij een paar **'Diggory'**, **'Heffalump'** en **'St Pancras'**.
Sinds een paar jaar organiseert Gerard een sneeuwklokjesfeest bij de Zaanse Schans. Hij verkoopt hier zijn eigen sneeuwklokjes en er staan ook stands van collega-kwekers. Samen sta je sterker, vindt hij.

106

'Heffalump'

Sneeuwklokjes zijn nog geen massa-artikel zoals lelies. Er zijn nog maar weinig grotere kwekers van bijzondere sneeuwklokjes, wel verzamelaars. Ik stuur sneeuwklokjes de hele wereld over. Ze mogen best wat bekender worden.

Gerard Oud

• • • • • There is no doubt that Gerard Oud has got bulb-growing in his blood – he is the fifth generation, to be precise. He has focused mainly on growing lilies. "In terms of growing, lilies are very different," he explains, "They are much easier to grow in wide, open fields, whereas snowdrops need shade. If the soil warms up too much, it can cook them."

Gerard Oud is no stranger to huge volumes so, needless to say, he was not content to begin his business with just a couple of snowdrops. He estimates that he has around 230 different ones, although not all of them in sufficient quantities to sell them yet.

He does not bother with cultivating the more common snowdrops such as 'S. Arnott' and 'Viridapice' himself. Preferring to leave that to others, he instead focuses on cultivating special snowdrops by 'parteren' or chipping, as they call it in England. "It's not a big deal for me," he says, "Lily propagation is done using the same technique." In contrast to the English method, Gerard uses perlite instead of vermiculite. Perlite has a much more open structure and is more lightweight.

He grows all of his special snowdrops, planted in lightly fertilized soil, in lily crates which he places in a net tunnel, thus allowing rain and snow to penetrate. He sells snowdrops both in the green and as dormant bulbs.

He began collecting and cultivating snowdrops around seven years ago. He swaps a lot with many different people, including collectors from England, Lithuania and the Ukraine, but he has no issue with paying high prices for bulbs if necessary – he bought one bulb of 'E.A. Bowles' from Monksilver Nursery for € 172, and has also purchased a few bulbs of 'Diggory', 'Heffalump' and 'St Pancras'.

For the past couple of years, Gerard has been organising Snowdrop Days at the Zaanse Schans in the Netherlands. As well as selling his own snowdrops there, he also rents out stands to fellow breeders – a case of strength in numbers, as he sees it.

Snowdrops do not yet have such mass appeal as lilies, for example. While there are still very few growers breeding snowdrops on a large scale, there are already plenty of collectors – I send snowdrops to every corner of the world. They deserve to be more broadly appreciated.

Margaret Owen

• • • Margaret Owen noemde een sneeuwklokje dat ze rond 1996 zelf in Shropshire vond naar haar inmiddels overleden echtgenoot **'Godfrey Owen'**. Dit sneeuwklokje wordt in het boek *Snowdrops* een van de meest opvallende sneeuwklokjes van de laatste tijd genoemd, omdat het als enige zes binnenste en zes buitenste bloemblaadjes heeft. Bovendien vermeerdert het snel, wat een prettige bijkomstigheid is voor Margaret. Elk jaar stelt zij haar tuin open en verkoopt sneeuwklokjes. De opbrengst hiervan schenkt ze aan de MS Foundation. Haar jongste zus is aan deze ziekte overleden.

Niet alle sneeuwklokjes kunnen haar goedkeuring wegdragen: **'Anne of Geierstein'** vindt ze een 'rotten snowdrop', **'Sally Wickenden'**, die Margaret in de tuin van haar dochter in Kent vond, vindt ze veel beter. 'Voor **'Flocon de Neige'** moet je een dikke £ 200 neertellen,' vertelt ze, 'en het is een waardeloze sneeuwklok. Het enige is dat het op een lenteklokje lijkt, dat is alles.'

'John Long' vindt ze een goede sneeuwklok en ze heeft er een aantal van onder een boom staan. Ik laat hem altijd uitzaaien en hoop dat er wat moois bij is. Zo vond ze **'Quatrefoil'**. 'Een paar mooie sneeuwklokjes heb ik bij Cronk Hill gevonden; daar woonde een architect, John Nash.' Ze zag er ooit mooie sneeuwklokjes in een vaasje staan. Gewoon uit de tuin en ze mocht er een paar uitzoeken, die ze naar Chris Sanders, Cronk Hill en John Nash heeft genoemd.

'Ik hoorde dat iemand een verschrikkelijke sneeuwklok de naam van Richard Nutt wilde geven. We konden het nog net voorkomen en nu heet deze mooie sneeuwklok **'Richard Nutt'**. Deze heet trouwens **'Margaret Owen'**, gevonden door Ray Cobb, de lieverd.'

'Quatrefoil'

Ik houd van alle sneeuwklokjes, maar toch zoek ik altijd naar sierlijke sneeuwklokjes. Dat is mijn geheim: 'looking for elegance'.

Margaret Owen

● ● ● ● ● Margaret Owen is talking about 'Godfrey Owen', the snowdrop that she personally discovered around 1996 in Shropshire and named after her husband, who has since passed away. In the book *Snowdrops*, her find is called one of the most distinct snowdrops of recent times, in view of it being the only one with six inner and six outer segments. An extra benefit from Margaret's point of view is that it multiplies quickly. She opens up her garden and sells snowdrops every year, donating the proceeds to the MS Foundation in memory of her younger sister who died of multiple sclerosis.

Not all snowdrops meet with her approval; she describes 'Anne of Geierstein' as a "rotten snowdrop", much preferring 'Sally Wickenden' which she herself found in her daughter's garden in Kent. "A 'Flocon de Neige' recently fetched a staggering £ 200," she comments, "and it is nothing special, the only feature of interest being that it looks like a snowflake."

Margaret regards 'John Long' as a particularly fine snowdrop. She keeps a number of them under a tree, allowing them to seed and hoping that the seedlings will produce something interesting – indeed, that was how she found 'Quatrefoil'. "I discovered some nice snowdrops at Cronk Hill, the former home of the architect John Nash." Once, while she was visiting the current residents there, she noticed some pretty snowdrops standing in a vase – they had been picked from the garden. She was allowed to take a look herself, which resulted in her naming the snowdrops after Chris Sanders, Cronk Hill and John Nash.

Margaret has countless anecdotes about snowdrops: "I heard that somebody wanted to name an awful snowdrop after Richard Nutt. Luckily, we were just in time, and now this fine specimen is named 'Richard Nutt' instead. This one here is called 'Margaret Owen' – it came from Ray Cobb, a lovely man."

I like all kinds of snowdrops
but I am always on the lookout for
particularly graceful ones.
That is my secret:
looking for elegance.

109

Cathy Portier & Jan Van de Sijpe

● ● ● ● ● Alpenplantenkwekerij Cathy Portier is bekend in België en daarbuiten. Cathy en Jan hebben zich gespecialiseerd in alpenplanten, edelweiss, gentiaan, anjers en steenbreek. Daarnaast kweken ze ook *Rhodohypoxis, Primula, Dierama, Helleborus*, schaduwplanten en sneeuwklokjes. Elk jaar staan er zo'n 30 tot 40 cultivars in hun aanbodslijst. Op de kwekerij worden ook speciale sneeuwklokjesweekends gehouden en ze staan op verschillende gespecialiseerde plantenbeurzen. Cathy Portier nam de kwekerij enige jaren geleden van haar vader over. Nu runt zij de kwekerij samen met Jan Van de Sijpe, die zich al jaren bezighoudt met sneeuwklokjeszondag. Sinds 2005 organiseert hij elk jaar een sneeuwklokjesfeest op Vordenstein met sprekers, tentoonstelling en verkoop van bijzondere sneeuwklokjes.

Hoe groot hun eigen sneeuwklokjesverzameling is? Zeker zo'n 300. Nieuwe aanwinsten moeten duidelijk anders zijn. Ze hebben een zwak voor grote bloemen, en voor groentjes en geeltjes. Een paar jaar geleden waren ze absoluut verzadigd, geen gala meer, geen *crazy money* meer. Het was compleet gedaan. Maar nu hebben ze er toch weer een paar leuke bij. Pas nog ontdekten ze in eigen tuin een bijzonder sneeuwklokje, een gek ding, olijfgroene buitenste bloembladen en rechtopstaand. Ze noemden het **'Funny Justine'**, naar hun jongste dochter. 'Een perfect sneeuwklokje om te ruilen,' zegt Jan.

Hij vond zo'n tien jaar geleden ook een bijzonder sneeuwklokje in de tuin van zijn ouderlijk huis. Tussen een massa andere sneeuwklokjes groeiden ze daar waarschijnlijk al 30-40 jaar. Het is een sterk groeiend en rijk bloeiend sneeuwklokje, dat per bolletje twee bloemen geeft. En het is het enige sneeuwklokje dat onder de grond een soort broedbolletjes heeft, wat de snelle verspreiding verklaart. De naam **'White Cloud'** verwijst naar de rijke bloei.

110

Jan kwam bij Cathy bijzondere sneeuwklokjes kopen. Ze hadden elk een collectie en besloten samen een Brugse Plantendag te beginnen. En zo is het gekomen. Het bruidsboeket van Cathy bestond uit sneeuwklokjes.

Cathy Portier & Jan Van de Sijpe

• • • • • Cathy Portier's Alpine Nursery has a well-established reputation in Belgium and beyond. Cathy and Jan are specialised in alpine plants, edelweiss, gentian, pinks and saxifrage. In addition, they grow *Rhodohypoxis*, *Primula*, *Dierama*, *Helleborus*, shade-loving plants and snowdrops. Every year they have between 30 and 40 cultivars on offer. They also organise special snowdrop weekends at the nursery and they exhibit at various specialised plant events. Having taken the nursery over from her father several years ago, Cathy Portier now runs it together with Jan Van de Sijpe who, since 2005, has been organising 'Snowdrop Sunday' – an annual snowdrop event held at Vorden-stein that features talks from renowned figures, displays and the sale of special snowdrops.

In terms of their own snowdrop collection, they currently have around 300. Any new additions must be clearly distinct. They have a soft spot for large flowers, as well as greens and yellows. A couple of years ago they had reached saturation point: no more galas, no more crazy money – they had had enough. But since then, they have added another couple of fine snowdrops to their collection. Just recently they discovered something special in their own garden, a very peculiar snowdrop which was upfacing and with olive-green outer segments. They called it **'Funny Justine'**, after their young-est daughter. "It is a perfect snowdrop for swapping," says Jan.

Some ten years ago, he also found an unusual snowdrop in his parents' garden. In among masses of other snowdrops, it had probably been growing there for some 30 or 40 years. It is a good grower and, as the name **'White Cloud'** suggests, a richly flowering snowdrop that produces two flowers per bulb. It is also the only snowdrop that has bulbils beneath the surface of the soil, which explains how it can spread so rapidly.

Jan went to Cathy to buy unusual snowdrops. They were both collectors and decided to organise a Plant Day in Bruges together... and one thing led to another. Cathy's bridal bouquet was made up of snowdrops.

111

'Funny Justine'

Koen Van Poucke

· · · · · 'Ik heb sneeuwklokjes in het wild gezien,' vertelt Koen. Elke twee jaar maakt hij een lange reis om de planten in hun oorspronkelijke omgeving te zien. In Japan ruilde hij *Helleborus* tegen *Asarum*. Met Rosie Steel is hij naar China en Tibet geweest. Zij kiest voor iets bijzonders, het commerciële aspect is bijzaak. Zij heeft **'Diggory'** gevonden in Norfolk en Koen vindt dit een mooi sneeuwklokje. Het is genoemd naar haar overleden zoon. 'De Engelsen zijn op zichzelf, een bus is niets voor hen, zij moeten je toelaten. Het is een netwerk, dat is altijd zo geweest. Het duurt lang voor je met ze in contact komt. Dat er nu bussen met buitenlanders naar de RHS London Show komen vinden ze maar niks, maar ja, de bussen kopen, dus hebben ze die nodig, terwijl ze dat eigenlijk niet willen.'

Hij houdt van vroege sneeuwklokjes zoals **'Peter Gatehouse'**, die al in oktober bloeit. Laatbloeiende sneeuwklokjes vindt hij verspilde moeite, in april bloeien er al genoeg andere bloemen in de tuin. Het gaat juist om die saaie wintermaanden. Het beste bloeiseizoen is tussen kerst en Nieuwjaar. Sneeuwklokjes zoals **'Trym'** en dergelijke vindt hij maar misbaksels.

Op zijn zeer gespecialiseerde kwekerij in België kweekt hij behalve sneeuwklokjes bijzondere planten als *Helleborus*, *Epimedium* en *Asarum*. Van *Epimedium* heeft hij de grootste collectie van Europa. 'Ik houd van de spirit van het tuinieren van Engeland,' vertelt hij, 'die is zo anders. Ik doe zo veel planten en wil altijd wat bijzonders, niet voor het grote publiek. Het moet niet te veel een hype worden. Ik ben altijd kleinschalig gebleven, in de stroom meelopen is niet leuk. Dat is mijn natuur. Nu heb je iets wat niemand heeft. Ik houd van mensen die er veel van weten.' Wijsneuzen die er niets van weten, vindt hij vermoeiende mensen.

112

'Diggory'

Leunend over een hekje
grenzend aan zijn kwekerij zegt
hij over zijn schapen: 'Mooi hè,
die Ardeense voskoppen, de jongen
zijn bruin en de wol verkleurt.
Die Orpington-kippen vind
ik mooie kippen.
Ik houd van het landleven.

Koen Van Poucke

• • • • • "I have seen various snowdrops growing in the wild," says Koen. Once every two years, he travels to a far-flung destination to see the plants growing in their original habitat. While in Japan, he swapped *Helleborus* for *Asarum*. He has been to China and Tibet with Rosie Steel, for whom the uniqueness of a snowdrop takes precedence over the commercial side of things. One of Koen's favourite snowdrops is **'Diggory'**, which Rosie found in Norfolk and named after her son who had passed away. "The English are quite reserved people, they need to warm to you before they accept you. It is a network, and always has been. It takes some time before you come into contact with the right people. They are not impressed by the coachloads of tourists, from home and abroad, descending on the RHS London Show every year – but they also know that the buses equate to sales, so they have to put up with them."

Koen likes early-flowering snowdrops such as **'Peter Gatehouse'**, which blooms in October. He finds late-flowering snowdrops a 'waste of time'; for him, snowdrops break the monotony of the winter months – ideally flowering between Christmas and New Year – whereas there are enough other flowers in bloom in the garden in April. He regards snowdrops such as **'Trym'** and similar as abnormalities.

In addition to snowdrops, he also breeds other unusual plants including *Helleborus*, *Epimedium* and *Asarum* at his specialised nursery in Belgium. He has the largest collection of *Epimedium* in the whole of Europe. "I love the English spirit of gardening," he says, "it is just so different. I enjoy doing such a wide range of plants and am always on the look-out for something unusual, something not for the mass market. I prefer to keep things on a small scale – I'm not trying to keep up with the latest trends, and I don't want anything of mine to turn into a "hype". I just like having something that no-one else has. And I like people who know their stuff." But their knowledge must be well-founded – he finds people who mistakenly believe they know it all very tiresome.

Leaning over the fence bordering his nursery, he admires his sheep: "Wonderful, aren't they, those Voskop sheep, the lambs start out brown and their wool gradually changes colour. And those Orpington chickens are great. I love the country life."

Gill Richardson

● ● ● ● ● Dertig jaar geleden plantte Gill Richardson haar eerste sneeuwklokjes. Er waren toen nog maar weinig adressen waar je ze kon bestellen. Ze kocht ze bij de kwekerij van Helen Ballard en weet nog precies de namen van haar eerste aankoop: **'Atkinsii'**, **'Moccas Form'**, **'Merlin'**, **'S. Arnott'** en **'Brenda Troyle'**.

Om een heel pragmatische reden koos ze voor sneeuwklokjes: 'In deze tuin kun je geen krokussen planten, zij worden onmiddellijk door de muizen opgegeten, net als tulpen. En muizen houden niet van sneeuwklokjes.'

De grond in haar tuin is zware klei met een pH van 6,5. Sneeuwklokjes vinden dat prima. Ze mest met compost en paardenmest. De sneeuwklokjes schijnen het lekker te vinden, ze doen het er uitstekend op. In haar tuin staan honderden sneeuwklokjes tussen andere planten, want Gill heeft niet alleen een 'winter garden' met sneeuwklokjes en *Helleborus*, maar ook een 'summer garden' met heel veel vaste planten. Een van de vaste planten die haar na aan het hart ligt, is *Astrantia*. Zij heeft hiervan een 'strain' geselecteerd met prachtige donkere dieprode tot mauve kleuren, *Astrantia* Gill Richardson Group.

Haar verzameling sneeuwklokjes heeft zich in de loop der jaren uitgebreid door te ruilen op de beroemde sneeuwklokjeslunches, door bezoeken aan tuinen en kwekerijen, en het leggen van de juiste contacten. De tuin heeft zij twintig jaar lang opengesteld, maar daar komt nu een eind aan, vertelt ze. De reden is dat er planten gestolen worden.

Gill vermeerdert haar sneeuwklokjes niet door ze te chippen. Ze verplant ze ook niet zo vaak als iedereen zegt dat ze moet doen. Welke ze de allermooiste vindt? Dat is **'Atkinsii'**, dat is zo'n makkelijke, sterke sneeuwklok. Verder houdt ze van excentrieke, opvallende sneeuwklokjes, zoals **'South Hayes'** en **'Boyd's Double'**.

114

Ik pluk geen sneeuwklokjes; als je ze plukt gaan ze dood. Ik vind het heerlijk om op een warme, zonnige dag de tuin in te gaan en hun geur op te snuiven

Gill Richardson

● ● ● ● ● Gill Richardson planted her first snowdrops some thirty years ago. In those days, there were very few places selling them. She purchased hers from Helen Ballard's nursery, and she can still recall exactly what she bought: **'Atkinsii'**, **'Moccas Form'**, **'Merlin'**, **'S. Arnott'** and **'Brenda Troyle'**. She chose snowdrops for a very practical reason: "It is impossible to grow crocuses in this garden – they, and tulips, get eaten by mice. But the mice don't touch the snowdrops."

The very heavy clay soil in her garden, which has a pH of 6.5, is ideal for snowdrops. She fertilizes the soil using compost and horse manure, which seems to suit the snowdrops just fine, as they really thrive. Her hundreds of snowdrops are interspersed among other plants since, in addition to a 'winter garden' with snowdrops and *Helleborus*, Gill also has a 'summer garden' with lots of perennials. *Astrantia* is a perennial very dear to her heart – she selected a strain with deep-red/mauve colours, the *Astrantia* Gill Richardson Group.

Over the years, she has amassed her collection by swapping at the famous snowdrop lunches, by visiting garden open days and nurseries, and by making the right contacts. Having opened her own garden for some twenty years, she explains that she no longer does so – one of the main reasons being the increase in incidences of theft.

Gill does not chip her snowdrops, nor does she split them as often as is commonly advised. In terms of her favourites, she likes the "easy and robust" **'Atkinsii'** and particularly appreciates "the eccentric ones, distinctive snowdrops," such as **'South Hayes'** and **'Boyd's Double'**.

I never pick snowdrops – once you pick them, they are dead. I love going out into the garden on a warm sunny day and smelling their perfume.

Joe Sharman

●●●●● 'Mensen die sneeuwklokjes verkopen, hoeven niet altijd galanthofielen te zijn,' zegt Joe. Hij zelf is het standaardvoorbeeld van een galanthofiel, hij verzamelt, kweekt, selecteert, benaamt en veredelt sneeuwklokjes. Behalve echte sneeuwklokjes heeft hij ook een van de grootste collecties sneeuwklokjesmemorabilia ter wereld. Sinds 1997 organiseert Joe jaarlijks een Galanthus Gala. Hij weet hiervoor steeds weer interessante sprekers te vinden en er zijn de meest bijzondere sneeuwklokjes te koop. Joe praat met zijn sneeuwklokjes en woont te midden van zijn sneeuwklokjes.

'E.A. Bowles'

Joe heeft een missie en dat is zo veel mogelijk sneeuwklokjes die in het boek *Snowdrops* van Matt Bishop vermeld staan, te herontdekken en door te 'twinscalen' weer op de markt te brengen. Vaak staan die sneeuwklokjes nog maar in één tuin en als er dan wat gebeurt, verdwijnen ze en komen nooit meer terug.
Hij gaat ook op zoek naar nieuwe sneeuwklokjes, maar benaamt deze pas als ze blijken heel anders te zijn dan die er al zijn. 'Dat is de ellende,' vertelt hij, 'mensen geven een sneeuwklokje veel te snel een naam. Ze moeten heel veel weten en in elk geval met Matt overleggen of het sneeuwklokje bijzonder genoeg is.'
Zelf heeft Joe 1500 verschillende sneeuwklokjes, maar daarvan hebben er maar 600-700 een naam. Zijn favoriete sneeuwklokje? **'E.A. Bowles'**.

Terwijl de meeste galanthofielen nieuwe sneeuwklokjes 'vinden', is Joe ook bezig met kruisen. Hij heeft hiertoe kruisingsprogramma's samengesteld en kiest de kruisingsouders zorgvuldig uit.
Hij heeft er tien jaar over gedaan om een gele **'Trym'** te krijgen en het duurt nog tien jaar voor hij er genoeg heeft om te verkopen. Daarom zijn deze sneeuwklokjes zo duur. Bij sneeuwklokjes gaat het nu soms wel om het grote geld, maar als plantenman denkt hij allereerst aan de plant, geld komt op de tweede plaats.

116

Als ik een plant benaam, dan is het een goede; rommel benaam ik niet

Joe Sharman

●●●●● 'Not all people who sell snowdrops are necessarily galanthophiles,' says Joe. He, however, is a galanthophile through and through – he collects, grows, selects, names and breeds snowdrops. In addition to real snowdrops, he also owns one of the largest collections of snowdrop memorabilia in the world. Since 1997, he has been organising an annual Galanthus Gala, to which he unfailingly manages to attract a range of inspiring speakers and vendors of the most unusual snowdrops. Joe lives in the midst of his snowdrops, and even admits to talking to them.

Joe has a mission, namely to find as many of the snowdrops named in Matt Bishop's book, *Snowdrops*, as possible, and to reintroduce them onto the market by means of twinscaling. His reasoning is that many snowdrops are growing in just one garden and, should anything happen to them, they will be gone forever.

He also hunts for new snowdrops, although he only ever names them if they turn out to be very different from anything else that is already around. "That is the major problem," he explains, "people are much too quick to name snowdrops nowadays. They should know a lot about snowdrops, and at the very least check with Matt Bishop first to make sure that the snowdrop is special enough." Joe has 1,500 different snowdrops in his own collection, but only between 600 and 700 of them have a name. His favourite snowdrop is 'E.A. Bowles'.

While most galanthophiles 'find' new snowdrops, Joe is also involved in hybridizing, having designed breeding programmes to create hybrids, for which he selects the parents with the utmost care. It took him ten years to produce a yellow 'Trym' and it will take another ten years before he has enough of them to be able to sell them – which explains why such snowdrops are so expensive. Nowadays it can seem like snowdrops are all about megabucks, but for him, a true plantsman, the money takes second place to the flower – the plant itself is always his main priority.

*If I name a plant,
then it is a good one; I don't bother
naming rubbish*

Wol & Sue Staines

• • • • • Ruim twintig jaar geleden sloeg het sneeuwklokjesvirus toe. Tot die tijd hadden Wol en Sue zich voornamelijk geconcentreerd op vaste planten. Hun tuin hoorde jarenlang tot een van de mooiste open tuinen van Engeland. Maar het tuinseizoen eindigt in de herfst en begint pas weer eind voorjaar. Vooral Sue miste haar bloemen in de winter, tot ze een keer een bezoek brachten aan Rod en Jane Leeds en naar huis gingen met het sneeuwklokje 'Three Ships', dat met Kerstmis bloeit.

In de loop der jaren hebben ze een enorme verzameling sneeuwklokjes opgebouwd, maar ze kiezen alleen planten die zich onderscheiden en voldoende goede eigenschappen bezitten. Sneeuwklokjes die in elke collectie zouden moeten voorkomen, omdat het goede tuinplanten zijn: 'Atkinsii', 'S. Arnott', 'Barnes', 'Mrs McNamara', 'Bertram Anderson', 'Mrs Thompson', 'Bill Bishop', 'Three Ships', 'John Gray' en 'Wendy's Gold'.

Sneeuwklokjes zijn complex genoeg om een uitdaging te vormen voor amateurs. Wij zijn ook geïnteresseerd in de verhalen en geschiedenis.

'Three Ships'

Sue en Wol ontdekten dat vaste planten in de zomer voor voldoende schaduw zorgen en ook genoeg water uit de grond opnemen, zodat de bolletjes niet te nat staan. Mooie combinaties vinden ze 'S. Arnott' en 'Atkinsii', die tevoorschijn komen tussen het gebleekte fijne blad van *Stipa tenuissima* en het donkere blad van *Ophiopogon planiscapus* 'Niger', met de fijne bloemetjes van *Galanthus gracilis*. Ze planten hun bijzondere sneeuwklokjes in grote vijvermanden in een mengsel van drie delen John Innes nr. 3 potgrond, een deel potgrond op turfbasis en een deel grit.

Als ze sneeuwklokjes vermeerderen door chippen, gebruiken ze in de potten gesteriliseerde potgrond en graven ze de potten in een zandbed van gesteriliseerd zand in een schaduwtunnel in. Op die manier zorgen ze ervoor dat de bollen goed op naam blijven en zo veel mogelijk ziektevrij. Ze geven hun sneeuwklokjes samengestelde vloeibare mest, omdat het hongerige planten zijn.

Wol & Sue Staines

●●●●● They were bitten by the snowdrop bug around twenty years ago. Up until then, Wol and Sue had focused mainly on perennial plants, and their garden had been widely regarded as one of England's finest open gardens. But the garden season ended in the autumn and Sue, especially, tended to get rather low in the winter, with little to see in the garden until the season started again in late spring. This all changed when they visited Rod and Jane Leeds, returning home with the snowdrop **'Three Ships'**, which flowers at Christmas. Since then, they have amassed an enormous collection of snowdrops over the years, but they only acquire plants that are distinctive from any other variety and have visible merits, mainly through swapping. They recommend that every collection should contain the following snowdrops, which are all "good, garden-worthy" plants: **'Atkinsii'**, **'S. Arnott'**, **'Barnes'**, **'Mrs McNamara'**, **'Bertram Anderson'**, **'Mrs Thompson'**, **'Bill Bishop'**, **'Three Ships'**, **'John Gray'** and **'Wendy's Gold'**.

Sue and Wol have noticed that perennial plants provide snowdrop bulbs with all the shade they need in the summer, while the roots of the plants keep them relatively dry. One of their favourite combinations is **'S. Arnott'** and **'Atkinsii'** as they emerge between the pale, fine foliage of *Stipa tenuissima* and the dark foliage of *Ophiopogon planiscapus* 'Niger' with the delicate little flowers of *Galanthus gracilis*. They plant their special snowdrops in large lattice pots, in a mix of three parts John Innes compost no. 3, one part peat-based compost and one part grit, which enables them to plant them in any spot they wish in their borders. If they chip bulbs, they use pots with sterilised soil and plunge them in sterilised sand beds built inside shade tunnels – thus ensuring that their bulbs are true to name and remain as free from disease as humanly possible. Since snowdrops are notoriously 'hungry' plants, Sue and Wol give them well-balanced liquid feeds.

Snowdrops are complex enough to provide the basis for stimulating intellectual study on an amateur level. We are also interested in snowdrop lore and their history.

Alan Street

● ● ● ● ● Alan Street heeft een verzameling van 400-500 sneeuwklokjes. Hij is kwekerijchef bij Avon Bulbs en dankzij Alan biedt deze kwekerij nu een groot sortiment van ongeveer 70 sneeuwklokjescultivars aan. Alan verzorgt al dertig jaar de inzendingen op de prestigieuze Chelsea Flower Show en Avon Bulbs wint bijna elk jaar een gouden medaille.

Al voordat hij met zijn opleiding begon, verzamelde hij sneeuwklokjes die hij langs de weg vond en in de tuin van zijn ouders in Blewbury plantte. Op een begraafplaatsje in Blewbury vond hij een bijzonder sneeuwklokje met staande in plaats van hangende bloempjes. Hij noemde dat 'Blewbury Tart', een nog steeds geliefd verzamelaarsobject. 'Kijk, hier heb je de verbeterde 'Blewbury Tart',' zegt hij, 'dat is 'Green Fingers'. Dit sneeuwklokje blijft lager, is makkelijker en bloeit rijker.'

'Art Nouveau'

120

Elk jaar worden er meer dan 10.000 chips gemaakt van de sneeuwklokjescultivars. Alan toont de bak met zijn 'kroonjuwelen', waar veel nieuwe, nog onbekende sneeuwklokjes staan te bloeien. 'Simply Glowing' bijvoorbeeld, een zeer opvallend groen sneeuwklokje en 'Bankside', het sneeuwklokje dat hij vond op de dag dat zijn vader begraven werd. Hij houdt zich ook bezig met kruisen en zaait de zaden van de beste sneeuwklokjes. Het duurt drie tot vier jaar voor ze gaan bloeien, maar als je het elk jaar doet, heb je vanaf het derde, vierde jaar elk jaar een verrassing.

Een paar sneeuwklokjes van Alan: 'Alan's Treat', 'Fluff', een laatbloeiende spiky, 'Green Man', groot en met een X-vormige tekening op de binnenste bloemblaadjes, 'Duckie', met veel groen op de binnenste bloemblaadjes, 'Ding Dong', hoog en vroegbloeiend, 'Art Nouveau', een Franse sneeuwklok met groene punten, 'Jade', een nieuwe met veel groen op de buitenste bloemblaadjes, 'Fly Fishing', een zaailing van 'Comet' met een lange bloemsteel en 'Ghost', ontdekt op een begraafplaats.

De winter duurt lang en als je je wat terneergeslagen voelt, dan komen die kleine witte bloempjes om je op te vrolijken. Sneeuwklokjes zijn onze eerste liefde.

Alan Street

● ● ● ● ● Alan Street has a collection of between 400 and 500 snowdrops. He is Nursery Manager at Avon Bulbs, which, thanks to Alan, now carries a large range of around 70 snowdrop varieties. Alan has been in charge of the nursery's submissions for the prestigious Chelsea Flower Show for the past thirty years, and Avon Bulbs has won a Gold Medal virtually every year.

Some years before he attended horticultural college, Alan was collecting snowdrops that he found along the side of the road and planting them in his parents' garden in Blewbury. In the Blewbury churchyard, he found a special snowdrop whose flowers were erect rather than hanging – he named it **'Blewbury Tart'**, and it remains a popular collector's item to this day. 'Look, this is an improved **'Blewbury Tart'**,' he says, 'it is called **'Green Fingers'**. This snowdrop stays lower, grows more easily and is more floriferous.' Each year, the nursery makes more than 10,000 chips of the snowdrop varieties. Alan points to where many new, as yet unknown, snowdrops are in flower – his "crown jewels", as he calls them – such as **'Simply Glowing'**, for example, which is a striking green snowdrop, and **'Bankside'**, which he found on the day of his father's funeral. He is also involved in hybridising, and plants seeds from the best snowdrops. 'It takes three or four years until they flower but, if you keep it going once you have started, you get a nice surprise every year.'

Just some of Alan's snowdrops are: **'Alan's Treat'**, **'Fluff'**, a late-flowering spiky, **'Green Man'**, a large snowdrop with a X-shaped mark on the inner segments, **'Duckie'** which has a lot of green on the inner segments, the tall and early-flowering **'Ding Dong'**, **'Art Nouveau'** which is a French snowdrop with green tips, **'Jade'**, a new one with a lot of green on the outer segments, **'Fly Fishing'** which is a seedling from **'Comet'** with a long scape, and **'Ghost'** which he discovered in a cemetery.

The winter is long but,
just as you are feeling down,
the little white flowers
are there to cheer you up.
Snowdrops are our first love.

121

'Alan's Treat'

'Ding Dong'

Audrey Vockins

● ● ● ● ● ● Rond 1960 zag Audrey voor het eerst een sneeuwklokje dat anders was: 'Het kwam van Boots en het was *Galanthus elwesii*. Daarna las ik een artikel over sneeuwklokjes in het tijdschrift van de RHS, geschreven door Richard Nutt. Op dat moment veranderde mijn leven. Ik schreef hem en vroeg waar ik nog meer over sneeuwklokjes kon lezen. Er bleek niets te bestaan, maar hij kwam langs om meer te vertellen en gaf ons **'Lady Beatrix Stanley'**. Later, toen hij naar High Wycombe verhuisde, stuurde hij ons een pakket met allemaal verschillende sneeuwklokjes. Vanaf die tijd nodigde hij ons ook uit voor sneeuwkloklunches, samen met Louise, het nichtje van Audrey, en Joe Sharman en Matt Bishop. Dat waren toen nog tieners. Hij was de eerste die lunches organiseerde. Richard was de meest vrijgevige tuinman die ik ken. Als je met hem door de tuin liep, gaf hij je alle planten mee die je mooi vond.'

Tegen de tijd dat Audrey met pensioen ging, zat Louise op de tuinbouwschool. Ze had het daar niet naar haar zin. 'Waarom begin je geen kwekerij?' vroeg Audrey haar, 'ik zal je wel helpen.' Dat was het begin van Foxgrove Plants, dat nog steeds een familiebedrijf is en bekend is vanwege het bijzondere aanbod sneeuwklokjes.

122

'Mrs McNamara' is een sneeuwklokje waar Audrey bijzonder veel van houdt. Ze kreeg het van Richard Nutt en daarom zijn de sneeuwklokjes die Foxgrove nu in de lijst heeft staan, de echte. Datzelfde geldt voor **'Limetree'**.
'Ik houd ook van **'Ecusson d'Or'**, omdat ik die tenminste kan zien en omdat Mark Brown hem aan mij gegeven heeft. Het is ongelooflijk vervelend dat ik niet goed meer kan zien. Bij dat greppeltje heb ik maar een rij planten neergezet, dan rijd ik er met de maaimachine hopelijk niet in. Ik heb ook toverhazelaars verzameld,' vertelt ze, 'en daar kan ik nu van genieten.'

'Ik houd van bollen die verwilderen. Is dit niet fantastisch?' vraagt ze en wijst naar de kastanjeboom met daaronder een feest van sneeuwklokjes, winterakonieten en cyclaampjes.

Audrey Vockins

• • • • • Audrey first saw that snowdrops were different in the 1960s: "I got one from Boots, and it was *Galanthus elwesii*. Then I saw an article about snowdrops in the RHS magazine, which had been written by Richard Nutt – one of those incidents that changes your life. I wrote to him, asking where I could read more about snowdrops. He replied that there were no other publications available, but that he would be in the area in the next few days – so he dropped by, we talked about snowdrops, and he gave us **'Lady Beatrix Stanley'**. Later, when he moved to High Wycombe, he sent us a parcel of many different snowdrops. He was the first one to start organising snowdrop lunches, and he used to invite me, along with my niece Louise, Joe Sharman and Matt Bishop – they were in their late teens in those days. Richard was the most generous gardener I have ever met. As you walked through his garden, he would give you any plant you liked."

Around the time Audrey retired, Louise had gone to horticultural college but she was not enjoying it there. "Why don't you begin your own nursery?" Audrey asked her, adding, "I will help you." And that marked the start of Foxgrove Plants, which is renowned for its extensive range of snowdrops and still a family business to this day.

Audrey's favourite snowdrop is **'Mrs McNamara'** – she was given it by Richard Nutt, meaning that the snowdrops now listed by Foxgrove are the real thing. The same goes for **'Limetree'**. "I also love **'Ecusson d'Or'**, because Mark Brown gave it to me, and because I can still see that one. It's a great nuisance that I can't see so well anymore, especially being a gardener. Since I ride on a mower, I've planted along that stream so that, hopefully, I don't ride into the ditch. But I also collect witch hazels" she continues, "and I can at least still enjoy them, they are my pride and joy."

123

'Mrs McNamara'

"I love bulbs that naturalise. Isn't that just fantastic?" she enthuses, as she points to the chestnut tree surrounded by a spectacular carpet of snowdrops, winter aconites and cyclamen.

Günter Waldorf

● ● ● ● ● ● 'Niet alle sneeuwklokjesverzamelaars zijn aardige mensen,' zegt Günter Waldorf, 'de kring sluit zich snel. Ken je het gezegde: *"Neid muss man sich erarbeiten?"* Als iemand kwaad over je spreekt, dan weet je dat je meetelt.

Ach, zo erg is het allemaal ook niet,' vertelt hij erachteraan. Günter komt niet uit de groene wereld. In zijn werkzame leven – hij is nu gepensioneerd – hield hij zich bezig met cosmetische producten. Maar hij is een verzamelaar en verzamelt veel dingen, waaronder planten. Een aantal plantgroepen verzamelt hij zeer intensief, zoals *Hemerocallis*, *Eranthis* en *Galanthus*. Hij verzamelt niet zomaar planten, ze moeten het wel in zijn tuin goed doen en sneeuwklokjes doen dat. Alle sneeuwklokjes staan in vijvermandjes. 'De enige manier om ze goed te houden,' vertelt hij. De vijvermandjes zijn ingegraven in de tuin. Als je gewone potten gebruikt, gaan de bolletjes dood.

Hoe kwam hij op het idee om de Oirlicher Schneeglöckchentage te houden? Günter was een jaar of acht geleden met het verzamelen van sneeuwklokjes begonnen en ging toen vaak naar Engeland om bijzondere cultivars op de kop te tikken. In die tijd dacht hij: 'Wat de Engelsen kunnen, kan ik ook.' En nu organiseert hij zijn sneeuwklokjesdagen, in 2011 alweer voor het vijfde jaar. Het was een 'Schnappsidee', ontstaan tijdens de borrel.

Hoe groot zijn eigen verzameling is? Ongeveer 400. Welke sneeuwklokjes hij het mooiste vindt? **'Angelina'** vindt hij erg mooi. Dat vond een ander ook en dit sneeuwklokje werd tijdens de sneeuwklokjesdagen van 2010 uit zijn tuin gestolen. Andere mooie? **'Norfolk Blonde'**, **'Ecusson d'Or'**, **'South Hayes'** en niet te vergeten **'E.A. Bowles'**, **'Big Boy'** en **'Clovis'**. Dankzij zijn Schneeglöckchentage zijn sneeuwklokjes in Duitsland veel bekender geworden, vertelt hij en daar gaat het hem om.

124

Neid muss man sich erarbeiten;

vleierijen kan men kopen, afgunst moet men verdienen

Günter Waldorf

●●●●● "Not all snowdrop collectors are nice people," says Günter Waldorf. "It is a very close-knit community. Have you heard the saying 'Envy must be earned'? Having someone bad-mouthing you is a sign that you belong," before pausing, then adding with a sigh, "You know, it's not really that bad." Günter does not come from a 'green' background. Now retired, he spent his working life in cosmetic products – but he is a collector through and through, collecting all manner of things, one of which being plants. He is an avid collector of a number of plant groups, including *Hemerocallis*, *Eranthis* and *Galanthus*. He does not just collect plants indiscriminately – they must grow well in his garden, and snowdrops fit the bill. He plants all his snowdrops in lattice pots which he buries in the ground. "It's the only way to keep them going," he claims. "If you use regular pots, the bulbs die."

What prompted him to organise the 'Oirlicher Schneeglöckchentage'? Günter began collecting snowdrops some eight years ago and made frequent trips to England to purchase special cultivars. One evening, while unwinding over a 'schnapps', he thought to himself, "If the English can do it, so can I!" He will be holding the fifth edition of his snowdrop days in 2011.

His own collection comprises around 400 snowdrops. **'Angelina'** is one of his particular favourites – although someone else obviously agreed with him, since this snowdrop was stolen from his garden during the 2010 snowdrop days. Other favourites are **'Norfolk Blonde'**, **'Ecusson d'Or'**, **'South Hayes'** as well as **'E.A. Bowles'**, **'Big Boy'** and **'Clovis'**. His goal is to raise awareness of snowdrops in Germany, he says, and he is pleased that his 'Schneeglöckchentage' are helping to do so.

'Angelina'

Sympathy one receives for nothing –
envy must be earned

David & Anke Way

● ● ● ● ● David Way selecteert sneeuwklokjes op bloeitijd. De zelf gevonden 'Hunton Herald' bloeit met kerst en 'Hunton Early Bird' is een vroegbloeiende *G. nivalis*. Anke Way vindt het leuk om sneeuwklokjes te zaaien. Van een kerkhofje nam ze zes 'bessen' met zaadjes mee van *Galanthus elwesii*, die naast een graf uit 1931 stond. Nu staan ze na vier jaar te bloeien en zijn allemaal verschillend. Prachtig zo'n genenbank, vindt ze. De sneeuwklokjes zijn op een helling geplant en ze heeft visioenen van een witte waterval.

Het chippen van de nieuwe cultivars die ze vonden, besteden ze uit bij een sneeuwklokjesvriendin in een nabijgelegen dorp.

'Hunton Giant' is een van hun met kerst bloeiende sneeuwklokjes, die opvalt door het enorm grote blad dat na de bloei tot een halve meter hoog kan worden en lang mooi blijft. Een aantal van hun eigen sneeuwklokjes geven ze het voorvoegsel Hunton, omdat dit de plaats is waar ze wonen en ze de sneeuwklokjes hebben gevonden. 'Anika' is een mooie, sterk groeiende *G. nivalis* met groene punten, die Anke ontdekte en naar haar kleindochter heeft genoemd.

De sneeuwklokjes die ze vinden en waar ze wat in zien, worden eerst jarenlang gevolgd om te zien of zij voldoende afwijkend zijn om te benamen.

David en Anke zijn geen verzamelaars die alles willen hebben. Ze maken een duidelijke keuze en bekijken de plant als geheel, hoe het blad eruitziet, wanneer hij bloeit. Ze houden ook bij wat er voor nieuwe op de markt komen. Ze reizen regelmatig naar Duitsland, Frankrijk, België en Nederland. De vroege sneeuwklokjes staan op een andere plek dan de laatbloeiende. 'We maken ook een bed voor de groene, anders is het zo rommelig, je moet het een beetje sorteren.'

Alles rondom sneeuwklokjes
is net zo leuk als de sneeuwklokjes zelf.
Laatst gingen ze naar de Cottage Garden Show,
heel relaxed publiek, heel anders dan op
het Gala, niet zo internationaal. Iedereen geeft
elkaar sneeuwklokjes.

David & Anke Way

• • • • • David Way selects snowdrops based on when they flower. **'Hunton Herald'**, which he found himself, blooms at Christmas, and **'Hunton Early Bird'** is an early-flowering *G. nivalis*. Anke Way enjoys seeding snowdrops. Four years ago, she took six capsules from a *Galanthus elwesii* that she found in a churchyard, growing next to a gravestone dating from 1931. They have recently flowered, and they are all different – she loves the unpredictability of genetics. She has planted the snowdrops on a slope, creating the vision of a white waterfall. They have a snowdrop friend, living in a nearby village, who chips any new cultivars they find.

'Hunton Giant' is one of their snowdrops that flowers at Christmas – a striking plant, with enormous leaves that can grow up to 50 cm high after flowering and last for a considerable time. They give the prefix Hunton, the name of their village, to a number of their own snowdrops in recognition of the fact that they found them there. **'Anika'** is a fine, robust *G. nivalis* with green tips, discovered by Anke and named after her granddaughter. Before naming any snowdrops they find, however promising they might seem, they always monitor them closely for several years in order to make sure that they are distinctive enough.

David and Anke are not the kind of collectors who wish to own everything; they are selective in their choices and look at the entire plant, taking into consideration its leaves and when it flowers. They also keep a keen eye on the market for any new varieties , and frequently travel to Germany, France, Belgium and the Netherlands. In their garden, they plant the early-flowering snowdrops separately from the late-flowering ones: 'We also have a bed especially for greens, otherwise it is a such a jumble – you have to create some kind of order.'

They enjoy the whole snowdrop scene just as much as they enjoy the snowdrops themselves. They recently attended the Cottage Garden Show, where they found a very relaxed crowd – quite different from at the Gala, not so international. Everyone seemed to be giving each other snowdrops.

127

'Hunton Giant'

Angela Whinfield

● ● ● ● ● Van de ruim dertig jaar dat Angela tuiniert, houdt ze zich al twintig jaar bezig met sneeuwklokjes. Haar tuin is een 'Plantsman's Garden', een collectie planten op een zuidhelling. Angela houdt niet alleen van planten, maar ook van de verhalen erachter. In haar tuin staat een groot sneeuwklokje, **'Cyril Warr'**, dat ze ontdekte in 1976 toen ze nog in Woolland woonde. In de tuin van de overbuurman, Cyril Warr, groeide een bijzonder groot sneeuwklokje. Dezelfde sneeuwklokjes stonden ook op de begraafplaats. Het bleek dat vier zonen van een familie in het dorp gevochten hadden in de Krimoorlog. Het zou dus kunnen zijn dat zij daarvandaan dit sneeuwklokje, *Galanthus plicatus*, meenamen. Dit was haar eerste sneeuwklokje en het is haar dierbaar omdat het haar doet denken aan haar lieve buurman.

Ze heeft de sneeuwklokjes en de geschiedenis erachter verweven in haar tuin. Zo heeft ze een hoekje met sneeuwklokjes van E.A. Bowles en een Cornish Corner met sneeuwklokjes die geïntroduceerd zijn door Phil Cornish. De sneeuwklokjes van James Allen staan ook bij elkaar.

Of ze ook sneeuwklokjes vermeerdert door 'twinscalen'? Nee, daar begint ze niet aan, haar sneeuwklokjes vermeerderen zich op natuurlijke wijze. In de tuin is de grond altijd vochtig, maar toch goed gedraineerd en als extra gebruikt ze vis-, bloed- en beendermeel en eigen compost. Heeft Angela nieuwe sneeuwklokjes ontdekt? 'Ik haal altijd het zaad van de planten,' vertelt ze, 'zodat ze goed op naam blijven.' Maar ergens achter in de tuin heeft ze verschillende sneeuwklokjes waar ze het zaad aan laat zitten en de natuur haar gang kan gaan. Misschien ontdekt ze hier een keer wat. Maar ze is er niet op uit. Ze zoekt ook geen sneeuwklokjes op begraafplaatsen, dan is het net of je van de doden steelt, vindt ze. Ze is vaak wat overdonderd door mensen die alles van sneeuwklokjes weten, die in de tuin rondlopen en roepen: 'O, maar dat is een plicatus.' Er is een verschil tussen botanici en tuiniers. 'Ik hoor bij de laatste, de "outers",' vindt ze, 'zij horen bij de "inners".' Hierbij maakt ze een vergelijking met de buitenste en binnenste bloembladen van de sneeuwklokjes.

128

Angela Whinfield

• • • • • A gardener for some thirty-odd years, Angela has been involved with snowdrops for at least the past twenty of them. Her collection of plants on a south-facing hillside is a real 'Plantsman's Garden'.

Angela is not only fascinated by the plants themselves, she also loves the history behind them – such as the large snowdrop she called **'Cyril Warr'**. Mr. Cyril Warr lived opposite her then at Woolland, and had huge snowdrops in his cottage garden. The same snowdrops also grew in the village churchyard. The story emerged that four sons from one local family had fought in the Crimean War, so it is possible that they brought this snowdrop, *Galanthus plicatus*, back from the Crimea with them. This was her first snowdrop and it reminds her of her beloved neighbour.

Her particular interest in the people behind the plants is clearly evident in Angela's garden: she has a section with snowdrops from E.A. Bowles and a 'Cornish Corner' with snowdrops which were introduced by Phil Cornish. Likewise, the snowdrops from James Allen are grouped together too. When asked whether she gets involved in twinscaling, she replies that she is not interested in chipping– instead, she prefers to grow snowdrops the natural way. She finds herself very fortunate that the soil in her garden is always moist yet well drained. She uses her own compost and fish, blood and bonemeal.

Has Angela discovered any new snowdrops? "I always deadhead the plants in my borders," she says, "so that I preserve the named ones." But, towards the rear of the garden, she has left some snowdrops to seed freely, allowing nature to take its course. Perhaps something special will appear there one day, although that is not her main motive. Nor does she go out hunting for new varieties, especially not in churchyards– to her, that feels like "robbing the dead". As she readily admits, "I can get a bit overwhelmed by people who know everything about snowdrops, those types who walk around gardens exclaiming 'Oh, that's a plicatus.'" She explains that she sees a division between botanists and gardeners. "I am definitely the latter, I am quite happy to be one of the 'outers', whereas other people are more like the 'inners'," she says, referring to the outer and inner segments of her favourite flowers.

I grow
'free-range snowdrops',
I don't like
factory farming

Valentin Wijnen

• • • • • 'De eerste sneeuwklokjes heb ik als zevenjarig kind uit de tuin van een meisjesschool gegraven. Daar was mijn vader het niet mee eens. "Jij gaat stelen bij de zusters," kreeg ik dan te horen. Het toeval wil dat ik nu al 28 jaar op diezelfde school, die inmiddels gemengd is, lesgeef. In het park groeien nog steeds elk jaar duizenden *Galanthus nivalis*, maar daar zit geen genetische variatie in.'

Het meest opwindende van sneeuwklokjes vindt Valentin het zoeken naar bijzondere, die 'outstanding' zijn. 'In Engeland,' vertelt hij, 'worden er veel benaamd die vaak niet beter zijn; dat is de fout die wij in België hebben, die bescheidenheid dat we niet meer pakken.' Hij is hard op weg om het tegendeel te bewijzen en heeft al veel sneeuwklokjes benaamd.

'Grakes Gold' vindt hij een van zijn meest bijzondere ontdekkingen. Zelfs het blad van deze gele bloeier blijft tien weken lang geel. 'Colin Mason was er helemaal weg van,' vertelt hij, 'maar David Bromley vond het een zieke plant.' **'Grakes Yellow'** is ook een gele sneeuwklok, maar het blad ervan is niet geel. **'Valentine's Day'** is een van zijn eerste introducties, ontdekt door zijn vrouw Melanie. **'Sweet Alice'**, een sneeuwklokje met groene punten, noemde hij naar zijn moeder. **'Grakes Green Bells'** is nog groener, maar moeilijk om te kweken. **'Grakes Monster'** is elk jaar anders. **'Looking Around'** is een staande in plaats van een hangende **'Flore Pleno'**. Recent noemde hij een geel sneeuwklokje naar zijn vader **'Robert Wijnen'**. Naar zijn zoontje noemde hij **'Golden Boy'** en **'Senne's Sunrise'**, een sneeuwklokje dat hij beschrijft als licht oranje.

'Het leuke van sneeuwklokjes zijn de contacten,' zegt Valentin. 'Je gaat in elkaars tuinen kijken en maakt contact via internet. Als je iets bijzonders vindt, kun je ruilen. Dan komen de dingen los. Het moet je gegund worden.'

'Golden Boy'

Galantophilia is een prachtige hobby, je bent er gans het jaar mee bezig

130

Valentin Wijnen

●●●●● "I was just seven years old when I dug up my first snowdrops, from the garden of a girls' school – my father was not very impressed. 'No more stealing from the nuns,' he scolded me. As fate would have it, I've been teaching at that very same school, which is now mixed, for the past 28 years. Thousands of *Galanthus nivalis* still flower in the grounds every year, but there is no genetic variety in them."

The most exciting aspect of snowdrops for Valentin is the hunt for special ones, truly outstanding specimens. "The problem in England," he explains, "is that a lot of snowdrops are being named undeservedly, whereas in Belgium we often make the mistake of being too modest – we don't claim enough." He is well on the way to disproving his own theory, having already named many snowdrops.

He regards '**Grakes Gold**' as one of his most significant discoveries. Even the leaves of this yellow snowdrop retain their yellow hue for a whole ten weeks. "Colin Mason was crazy about it," Valentin recalls, "but David Bromley thought it looked diseased." '**Grakes Yellow**' is another yellow, although its leaves are not. '**Valentine's Day**' was discovered by his wife, Melanie, and is one of the first ones he introduced himself. He named '**Sweet Alice**', a snowdrop with green tips, after his mother. '**Grakes Green Bells**' is even greener, but difficult to breed. '**Grakes Monster**' is different every year. '**Looking Around**' is a variation on 'Flore Pleno', erect rather than hanging. He recently named a yellow after his father, '**Robert Wijnen**'. He has named two after his son: '**Golden Boy**' and '**Senne's Sunrise**', which he describes as a light-orange snowdrop.

"The personal contact makes snowdrops so enjoyable," says Valentin. "You visit each other's gardens and make new contacts on the internet. If you find something special, you can swap it – then the fun really starts. You just have to strike lucky."

Galanthophilia is a wonderful hobby, it keeps you busy all year round

'Abington Green'

'Acton Pigot No. 3'

'Ailwyn'

AJM 75

'Alan's Treat'

'Alburgh Claw'

'Alison Hilary'

'Amigo'

'Amy Doncaster'

'Amy Jade'

'Angelina'

'Angelique'

'Anglesey Abbey'

'Anglesey Adder'

'Anglesey Orange Tip'

'Anika'

'Ann's Millennium Giant'

'Anne of Geierstein'

'April Fool'

'Armine'

'Art Nouveau'

'Athenae'

'Atkinsii'

'Augustus'

'Aurelia'

'Babraham Scented' 'Backhouse Spectacles' 'Bagpuize Virginia' 'Bagpuize Virginia' 'Ballerina'

'Ballerina' 'Barbara's Double' 'Barnes' 'Baxendale's Late' 'Beany'

'Beechwood' 'Benhall Beauty' 'Benton Magnet' 'Bernard Röllich' 'Bertram Anderson'

'Bess' 'Beth Chatto' 'Betty Hamilton' 'Betty Hansell' 'Big Boy'

'Bill Bishop' 'Bill Clark' 'Billingshurst' 'Bitton' 'Blewbury'

'Blewbury Tart'   'Blonde Inge'   'Bloomer'   'Bowles' Large'   'Brenda Troyle'

'Bright Eyes'   'Bucks Green Tip'   'Bucks Green Tip'   'Bunch'   'Bungee'

'Bushmills'   'By Gate'   'Byfield Special'   'Cambridge'   'Carolyn Elwes'

'Carpentry Shop'   'Castlegar'   'Cedric's Prolific'   'Celadon'   'Charlotte'

'Chedworth'   'Chelsworth Magnet'   'Chequers'   'Christine'   'Cicely Hall'

'Cider with Rosie'

'Cinderdine'

'Cinderella'

'Clare Blakeway-Phillips'

'Cliff Curtis'

'Clovis'

'Cockatoo'

'Colesbourne Green Tips'

'Colossus'

'Comet'

'Compton Court'

'Conquest'

'Cordelia'

'Corkscrew'

'Cornwood'

135

'Cornwood Gem'

'Corrin'

'Courteenhall'

'Cowhouse Green'

'Crinkle Crankle'

'Crinoline'

'Cross Eyes'

'Curly'

'Cyril Warr'

'Daglingworth'

'Daglingworth'

'Daphne's Scissors'

'David Baker'

'David Shackleton'

'David's Seersucker'

'Denton'

'Desdemona'

'Devon Marble'

'Diggory'

'Ding Dong'

'Dionysus'

'Dodo Norton'

'Donald Sims' Early'

'Doncaster's Double Scharlock'

'Dorothy Foreman'

'Double Green Tips'

'Dreycott Greentip'

'Duckie'

'Dymock'

'E.A. Bowles'

'Earliest of All'

'Eathiebeaton'

'Ecusson d'Or'

'Edinburgh Ketton'

'Edith'

'Edward Whittall' 'Elfin' 'Eliot Hodgkin' 'Elizabeth Harrison' 'Elmley Lovett'

'Elworthy Bumble Bee' 'Emerald Isle' 'Enid Bromley' 'Envy' 'Epiphany'

'Ermine Ad Astra' 'Ermine Joyce' 'Ermine Lace' 'Erway' 'Falkland House'

'Faringdon Double' 'Fenstead End' 'Fieldgate Forte' 'Fieldgate Fugue' 'Fieldgate L'

'Fieldgate Prelude' 'Fieldgate Superb' 'Fiona Mackenzie' 'Fiona's Gold' 'Flocon de Neige'

'Flore Pleno'   'Florence Baker'   'Fly Fishing'   'Flyaway Peter'   'Forge Double'

'Forge Double'   'Fox Farm'   'Franz Josef'   'Fred's Giant'   'Funny Justine'

'Fuzz'   'G71'   'G. F. Händel'   'Gabriel'   'Galadriel'

'Galatea'   'George Chiswell No. 9'   'George Elwes'   'Gerard Parker'   'Ginns' Imperati'

'Glass Marble'   'Gloria'   'Gloucester Old Spot'   'Godfrey Owen'   'Gold Edge'

'Golden Boy'   'Grakes Gold'   'Grakes Green Bells'   'Grakes Yellow'   'Gray's Child'

'Grayswood'   'Green Arrow'   'Green Brush'   'Green Diamond'   'Green Dragon'

'Green Fingers'   'Green Fingers'   'Green Hayes'   'Green Man'   'Green Necklace'

'Green of Hearts'   'Green Ribbon'   'Green Tear'   'Green Teeth'   'Green Woodpecker'

'Greenfields'   'Greenfinch'   'Greenish'   'Greenpeace'   'Greenpeace'

'Grumpy'   'Grüner Splitter'   'Grünfrosch'   'H. Purcell'   'Haddon's Tiny'

'Halfway'   'Halfway'   'Hambutt's Brush'   'Hambutt's Orchard'   'Hambutt's Orchard'

'Hanneke'   'Hans guck in die Luft'   'Harewood Twin'   'Headbourne'   'Heffalump'

'Helen Tomlinson'   'Henham No. 1'   'Henly Greenspot'   'Henry's White Lady'   'Hercule'

'Hiemalis'   'Hiemalis', ex Broadleigh   'Highdown'   'Hildegard Owen'   'Hill Poë'

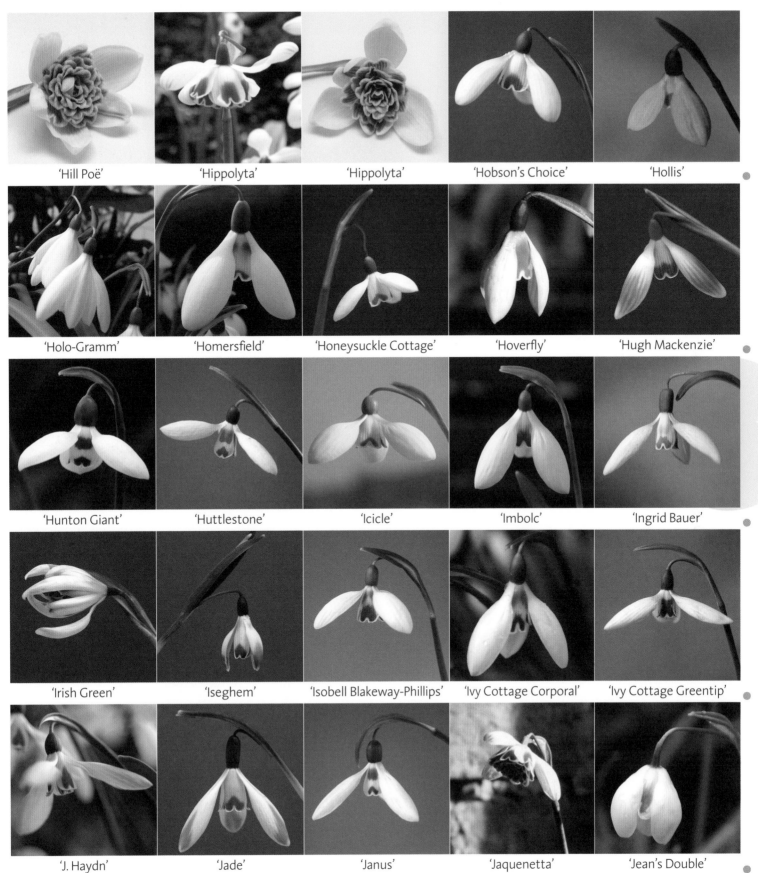

'Hill Poë'   'Hippolyta'   'Hippolyta'   'Hobson's Choice'   'Hollis'

'Holo-Gramm'   'Homersfield'   'Honeysuckle Cottage'   'Hoverfly'   'Hugh Mackenzie'

'Hunton Giant'   'Huttlestone'   'Icicle'   'Imbolc'   'Ingrid Bauer'

'Irish Green'   'Iseghem'   'Isobell Blakeway-Phillips'   'Ivy Cottage Corporal'   'Ivy Cottage Greentip'

'J. Haydn'   'Jade'   'Janus'   'Jaquenetta'   'Jean's Double'

141

'Jessica'

'Jimmy Platt'

'Joan May'

'Joe Spotted'

'Joe's Yellow'

'John Gray'

'John Long'

'John Marr'

'John Tomlinson'

'Jonathan'

'Josie'

'June Boardman'

'Kathleen Beddington'

'Kenneth Beckett'

'Kersen'

'Ketton'

'Kildare'

'Kingston Double'

'Kite'

'L.P. Long'

'L.P. Long'

'La Morinière'

'La Morinière'

'Lady Beatrix Stanley'

'Ladybird'

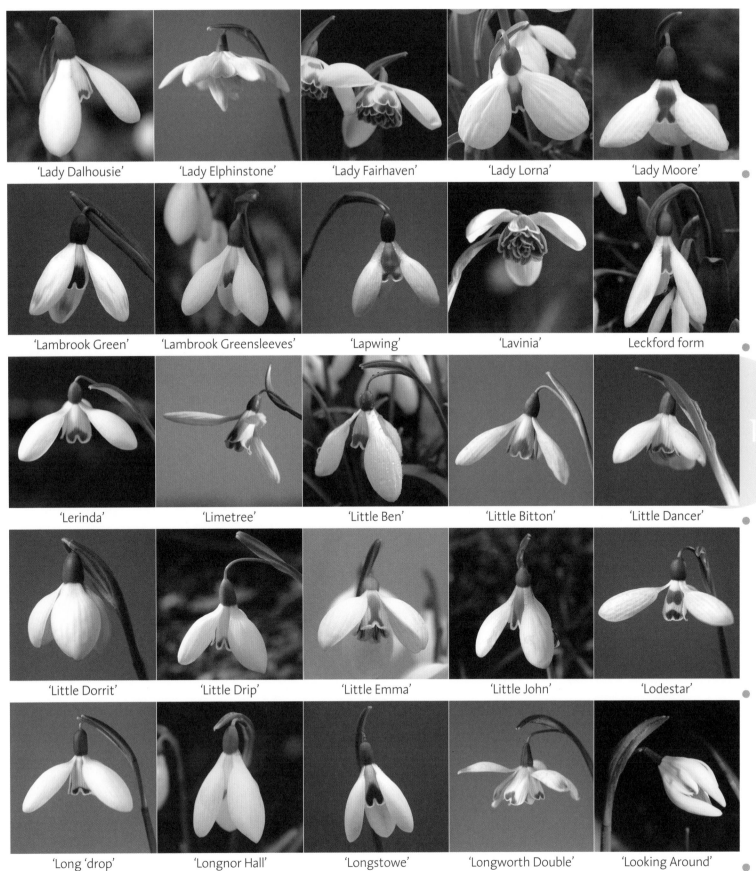

'Lady Dalhousie'   'Lady Elphinstone'   'Lady Fairhaven'   'Lady Lorna'   'Lady Moore'

'Lambrook Green'   'Lambrook Greensleeves'   'Lapwing'   'Lavinia'   Leckford form

'Lerinda'   'Limetree'   'Little Ben'   'Little Bitton'   'Little Dancer'

'Little Dorrit'   'Little Drip'   'Little Emma'   'Little John'   'Lodestar'

'Long 'drop'   'Longnor Hall'   'Longstowe'   'Longworth Double'   'Looking Around'

'Looking Around'   'Loose Spirit'   'Lord Lieutenant'   'Louise Ann Bromley'   'Lowick'

'Lulu'   'Lyn'   'Lyzzick'   'Madelaine'   'Magnet'

'Maidwell L'   'Major Pam'   'Major Pam'   'Mandarin'   'Margaret Owen'

'Margery Fish'   'Marielle'   'Marijke'   'Marjorie Brown'   'Mary Biddulph'

'Maximus'   'Melanie Broughton'   'Melanie S.'   'Merlin'   'Mighty Atom'

'Miller's Late'

'Min'

'Miss Behaving'

'Moccas Form'

'Modern Art'

'Mona'

'Monk'

'Mordred'

'Mordred'

'Moya's Green'

'Mrs Fish'

'Mrs McNamara'

'Mrs Thompson'

'Mrs Tiggywinkle'

'Mrs W.M. George'

'Mrs Wrightson's Double'

'Narwhal'

'Natalie Garton'

'Naughton'

'Neill Fraser'

'Nerissa'

'Nightow'

'Norfolk Blonde'

'Nothing Special'

'Octopussy'

'Oliver Wyatt's Green'  'One drop or Two'  'One drop or Two'  'Ophelia'  'Orion'

'Orleton'  'Paradise Giant'  'Patricia Ann'  'Peardrop'  'Pearl Drops'

146

'Peg Sharples'  'Percy Picton'  'Peter Gatehouse'  'Phantomas'  PHD 33643

'Phil Cornish'  'Pixie'  'Pom-Pom'  'Pom-Pom'  'Primrose Warburg'

'Princeps'  'Priscilla Bacon'  'Propellerköpfchen'  'Puck'  'Puck'

'Pusey Green Tips'  'Quatrefoil'  'Ransom's Dwarf'  'Ray Cobb'  'Remember, Remember'

'Rev. Hailstone'  'Richard Ayres'  'Ring's Rum'  'Robert Wijnen'  'Robin Hood'

'Robyn Janey'  'Rodmarton'  'Ronald Mackenzie'  'Rose Lloyd'  'Rosemary Burnham'

147

'Roundhead'  'Rushmere Green'  'Ruth Birchall'  'S. Arnott'  'Sally Pasmore'

'Sally Wickenden'  'Sandersii'  'Sandhill Gate'  'Sarah Dumont'  'Savill Gold'

'Scharlockii'	'Schorbuser Blut'	'Seagull'	'Seersucker'	'Selborne Green Tips'
'Selina Cords'	'Senne's Sunrise'	'Sentinel'	'Sheila MacQueen'	'Shepton Merlin'
'Shrek'	'Shropshire Queen'	'Sibbertoft Manor'	'Sibbertoft White'	'Sickle'
'Silverwells'	'Simply Glowing'	'Sir Herbert Maxwell'	'Snoopy'	'Snow White'
'Snowball'	'Sophie North'	'South Hayes'	'Sparkler'	'Spetchley'

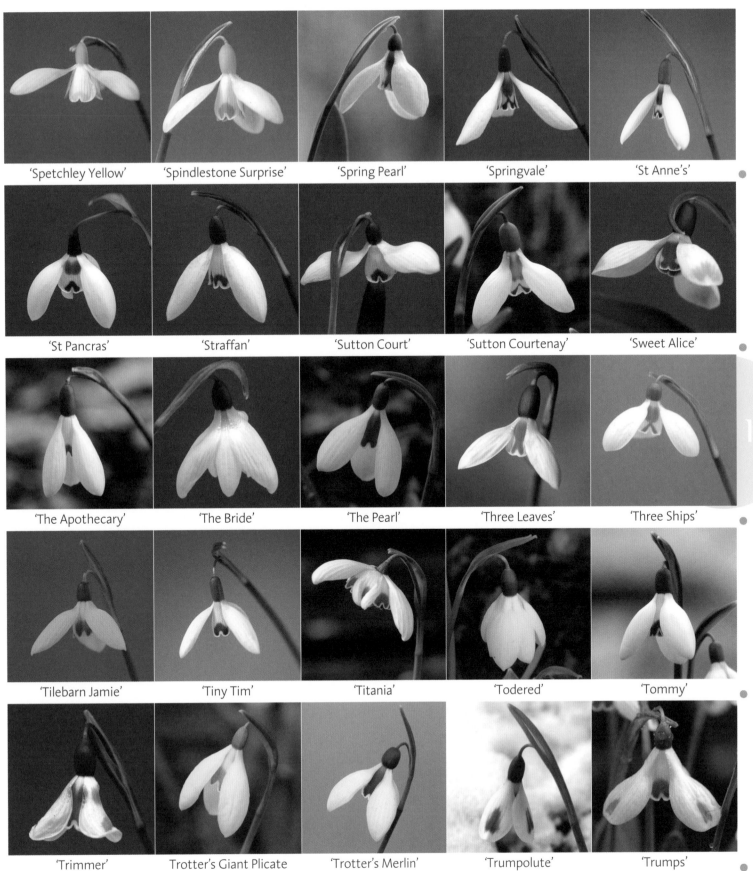

'Spetchley Yellow' 'Spindlestone Surprise' 'Spring Pearl' 'Springvale' 'St Anne's'

'St Pancras' 'Straffan' 'Sutton Court' 'Sutton Courtenay' 'Sweet Alice'

'The Apothecary' 'The Bride' 'The Pearl' 'Three Leaves' 'Three Ships'

'Tilebarn Jamie' 'Tiny Tim' 'Titania' 'Todered' 'Tommy'

'Trimmer' Trotter's Giant Plicate 'Trotter's Merlin' 'Trumpolute' 'Trumps'

'Trym' 'Trymlet' 'Trymming' 'Tubby Merlin' 'Two Eyes'

'Uncle Dick' 'Upcher' 'Valentine's Day' 'Vera Trum' 'Vic Horton'

'Virescens' 'Viridapice' 'Walker Canada' 'Walrus' 'Walter Fish'

'Wandlebury Ring' 'Warande's Groenpunt' 'Warande's Grootste' 'Warande's Sieraad' 'Warei'

'Warley Belles' 'Warley Duo' 'Warley Longbow' 'Warwickshire Gemini' 'Washfield Colesbourne'

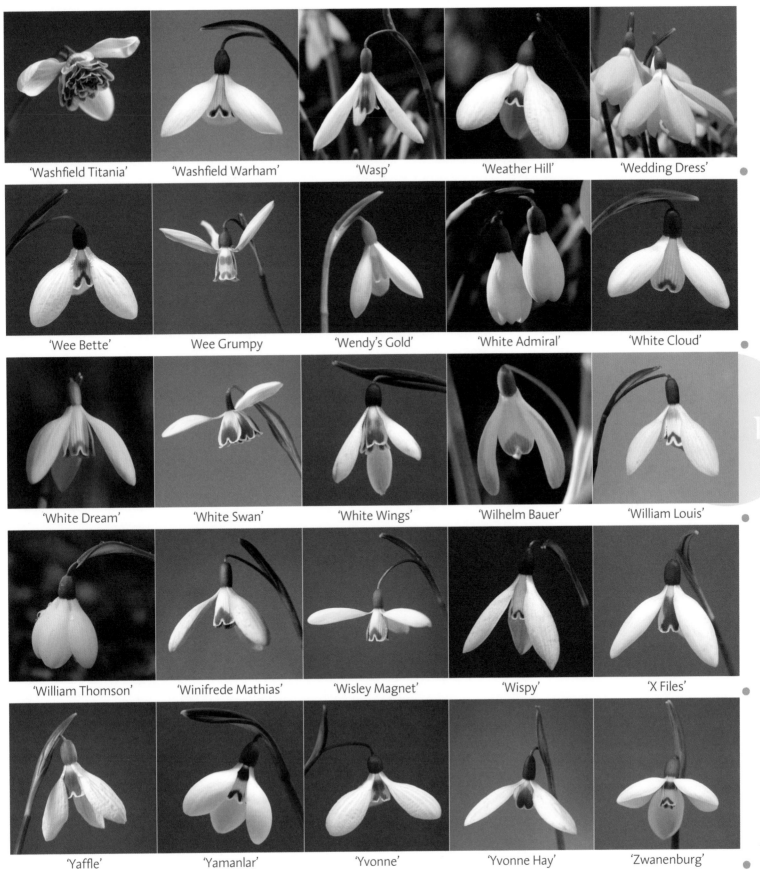

'Washfield Titania' 'Washfield Warham' 'Wasp' 'Weather Hill' 'Wedding Dress'

'Wee Bette' Wee Grumpy 'Wendy's Gold' 'White Admiral' 'White Cloud'

'White Dream' 'White Swan' 'White Wings' 'Wilhelm Bauer' 'William Louis'

'William Thomson' 'Winifrede Mathias' 'Wisley Magnet' 'Wispy' 'X Files'

'Yaffle' 'Yamanlar' 'Yvonne' 'Yvonne Hay' 'Zwanenburg'

151

Internetadressen
Internet addresses

www.snowdrop.org.uk

154

www.alpenplanten.be
(Cathy Portier)

www.alpine-plants.co.uk
(Ian Christie)

www.arboretumkalmthout.be

www.avonbulbs.co.uk
(Alan Street)

www.boschhoeve.nl
(Dineke Logtenberg)

www.brandymount.co.uk
(Michael Baron)

www.cambosnowdrops.com
(Catherine Erskine)

www.dewarande.nl

www.foxgroveplants.co.uk
(Audrey Vockins)

www.galanthus.be
(Jan Van de Sijpe)

www.galanthus-online.de

www.garten-in-den-wiesen.de
(Hagen Engelmann)

www.glenchantry.demon.co.uk
(Sue & Wol Staines)

www.greatbritishgardens.co.uk/snowdrops.htm

www.groenpublicaties.nl
(Hanneke van Dijk en George M. Otter)

www.ishs.org/sci/icracpco.htm
(Cultivated Plant Code)

www.janvanderkooi.nl
(Kunstenaar/painter)

www.judyssnowdrops.co.uk
(Janet Lecore)

www.koenvanpoucke.be
(Koen van Poucke)

www.monksilvernursery.co.uk
(Joe Sharman)

www.nccpg.com
(National Plant Collections)

www.nederlandse-plantencollecties.nl

www.nikisimpson.co.uk
(Digital flora)

www.oirlicher-blumengarten.de
(Günter Waldorf)

www.pcnijssen.nl
(Postorderbedrijf bijzondere bloembollen/mail order unusual bulbs)

www.rhs.org.uk
(Royal Horticultural Society)

www.snapecottagegarden.co.uk
(Angela Whinfield)

www.sneeuwklokjes.info
(Gerard Oud)

www.sneeuwklokjes.nl
(Hoeve Vertrouwen)

www.snowdrop.org.uk
(Colesbourne Gardens/John Grimshaw)

www.snowdropinfo.com
(Mark Smyth)

www.thegardenhouse.org.uk
(Matt Bishop)

www.twinscaling.com
(Colin Mason)

www.srgc.org.uk
(Scottish Rock Garden Club Forum – Bulbs – Galanthus)

www.kavb.nl
(Koninklijke Algemeene Vereeniging voor Bloembollencultuur/
Royal General Bulb Growers' Association)

Personenregister
Index of people

155

Register Index

157

159

Illustratieverantwoording
Credits

- - - - - **Drawings:**
Rose-Marie Gerritsen: snowdrops alongside the cultivar groups
Karl-Heinz Neuwirth: drawing of *Galanthus nivalis* and 'Scharlockii'

- - - - - **Photographs:**
All photographs were taken by George M. Otter and the author, with the exception of:

Michael Broadhurst: 'Anglesey Adder', 'Anglesey Orange Tip', 'Fox Farm', 'Glass Marble', 'Homersfield', 'Pearl Drops'

Ian Christie: 'Betty Hamilton', 'Elizabeth Harrison', 'Eathiebeaton', 'Green Dragon', 'Lady Lorna', 'Mona'

Patricia Coccoris: snowdrops on glass, p.39

Hagen Engelmann: 'Grüner Splitter', 'Holo-Gramm', 'Ring's Rum', 'Schorbuser Blut'

Chris Ireland-Jones: 'Ecusson d'Or'

Judy's Snowdrops: 'Cider with Rosie', 'Courteenhall', 'Fieldgate Forte', 'Rushmere Green', 'Savill Gold', 'Uncle Dick'

Andrew Lawson: Ronald Mackenzie, Duke of Edingburgh, p.45

Jörg Lebsa: Jörg Lebsa, Smaragdsplitter

Wim Snoeijer: 'White Dream', herbarium specimens

Wol and Sue Staines: garden

Alan Street: Mark Brown, Matt Bishop and snowdrop lunch walk

Günter Waldorf: Günter Waldorf

160

Dankwoord
Acknowledgments

A big, heartfelt thanks to all the wonderful people in the various countries who allowed us to photograph and pick their snowdrops, to drink their tea and to eat their Christmas cake – without you, this book would never have been possible:

Ruby Baker, Michael Baron, Martin Baxendale, Ruben Billiet, Matt Bishop, Cees Breed, David Bromley, Mark Brown, Ian Christie, Phil Cornish, Veronica Cross, Cliff Curtis, Hagen Engelmann, Catherine Erskine, Annie Fallinger, John Grimshaw, Romke van de Kaa, Gert-Jan van der Kolk, Tom Koopman, Jörg Lebsa, Rod Leeds, Colin Mason, Janet Lecore, Dineke Logtenberg, Ronald Mackenzie, Karl-Heinz Neuwirth, Gerard Oud, Margaret Owen, Cathy Portier, Koen van Poucke, Gill Richardson, Joe Sharman, Jan van de Sijpe, Wol and Sue Staines, Alan Street, Audrey Vockins, Günter Waldorf, David & Anke Way, Valentin Wijnen and **Angela Whinfield.**
My wholehearted apologies to all galanthophiles who have not been included in this selection – unfortunately I could not make the book any thicker, which meant I had to make some difficult choices.

Heel veel dank aan **Johan van Scheepen** en **Saskia Bodegom**, taxonomen bij het KAVB, voor het bijstaan bij het maken van de cultivarclassificatie, voor de scherpe opmerkingen en de puntjes op de i.

Bijzonder veel dank aan **Wim Snoeijer** die zo ongelooflijk veel tijd, energie en plezier stopte in de cultivarclassificatie, de sleutels en het herbarium.

To **Matt Bishop** and **Chris Sanham**, many thanks for checking that the correct names, including the correct spelling, were listed alongside the photographs.

To **Joe Sharman**, it was wonderful that you travelled to the Netherlands especially to read and comment on the concept version of the book.

Jan van der Kooi, fantastisch dat een van jouw sneeuwklokjesschilderijen in het boek mag staan.

Hélène Lesger, veel dank voor het redigeren en inkorten van de verhalen en je enthousiasme voor de sneeuwklokjes.

Lynn Radford voor de geweldige vertaling en het geduld waarmee je elke keer weer de tekst aanpaste als er weer wat veranderd was.

Wat vanzelfsprekend lijkt wordt vaak vergeten en daarom, lieve echtgenoot **George**, zonder jou had ik dit boek beslist niet kunnen maken, dank voor je geduld en al het werk, alleen al het 'witwassen' van de sneeuwklokjes.

Key to cultivar groups

Start

1 Is the flower upright or more or less upright?

Yes

Spiky Group

No

2 Does the flower have yellow, orange or apricot-coloured marks, lines or tint and/or is the ovary yellow, orange or apricot coloured?

Yes

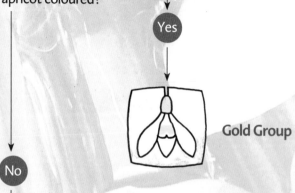

Gold Group

No

3 Are the inner and outer segments more or less the same length?

Yes

Skirt Group

No

4 Does the flower have 12 or more segments?

Yes

Double Group

No

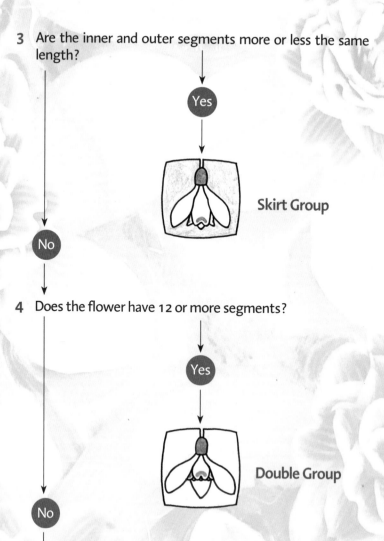